La carta turistica KOMPASS 1 : 50 [...] quale elemento più significativo, l'im[...] dei colossi alpini per antonomasia, s[...] so delle Alpi Pennine. Gli altri rilievi [...] Vallesane (Mischabel), o vengono [...] prealpina. Politicamente il territorio [...] Elvetica. Di quest'ultima sono raffigu[...] [...] del Cantone Vallese, tipico esempio di regione mistilingue, ove l'elemento francofono si affianca a quello di lingua tedesca (più diffuso nella porzione del Cantone raffigurata sulla presente carta). Nel settore italiano riscontriamo la linea di confine tra la Regione Autonoma della Valle d'Aosta ed il Piemonte (Regione Piemonte) e precisamente lungo lo spartiacque tra la Valle Gressoney e la Valsesia. Il medesimo confine divide la Regione Autonoma della Valle d'Aosta dalla Provincia di Vercelli, mentre la divisione amministrativa tra quest'ultima e quella di Verbania scorre lungo la cresta spartiacque tra Valsesia e Valle Anzasca. Del complesso sistema vallivo parleremo più avanti; da uno sguardo sommario alle vie di comunicazione noteremo l'assenza di autostrade e ferrovie ove si eccettui la ramificazione laterale che da Visp raggiunge la località di Zermatt (Svizzera). Le stazioni ferroviarie più vicine nel settore italiano sono quella di Pont St. Martin (Valle d'Aosta), Varallo (Valsesia), Piedemulera (sbocco della Valle Anzasca), Villadossola (Val d'Ossola allo sbocco della Val di Antrona). Tra le principali strade in cartina ricorderemo la statale n. 505 di Gressoney che attraversa l'omonima valle fino a Pont St. Martin; la statale n. 299 di Valsesia che da Novara conduce a Varallo e ad Alagna Valsesia attraverso l'omonima valle. Nel settore nord-orientale della carta la statale n. 549 di Valle Anzasca raccorda l'importante stazione turistica di Macugnaga alla Val d'Ossola. Tra le méte turistiche più significative, oltre al già citato M. Rosa, vero e proprio paradiso degli escursionisti, rileveremo una serie di stazioni turistiche che si caratterizzano per la loro notorietà in campo internazionale. Citeremo per tutte Zermatt in Svizzera, Gressoney, Alagna e Macugnaga in Italia, rinomate stazioni climatiche di soggiorno e importanti centri per la pratica degli sport invernali.

Idrografia

Il complesso assetto orografico del territorio raffigurato in cartina esercita notevoli riflessi sulle acque di superficie che hanno per la maggior parte dei casi un andamento torrentizio, ove si eccettui il Sesia che, nella porzione sud-orientale della carta, tra Campertogno e Scopello, assume caratteristiche fluviali. La catena alpina costituisce la principale linea di displuvio, determinando i bacini idrografici del Rodano a nord e del Po a sud. Il corso d'acqua più significativo in cartina è senz'altro il Sesia, che nella prima parte del suo corso presenta marcate caratterizzazioni torrentizie. Origina nell'alta Valsesia, a monte dell'abitato di Alagna, ove raccoglie i tributi di numerose ramificazioni laterali provenienti per lo più da consistenti apparati glaciali situati alla testata della Val Grande. Procedendo verso valle riceve le acque di numerosi affluenti laterali; dalla destra orografica della Valsesia affluiscono i torrenti Oleon, Otro, Vogna, Artogna, Sorba, ed altri corsi di secondaria importanza. Alla sinistra orografica l'unico affluente di un certo peso è rappresentato dal torrente Sermenza che si getta nel Sesia all'altezza di Balmuccia. La Valle di Gressoney è percorsa dalle acque del torrente Lys, affluente di sinistra della Dora Bàltea, mentre l'Evançon attraversa la Valle d'Ayas, della quale in carta compare un estratto molto parziale nel settore sud-occidentale. Come il Lys anche l'Evançon è affluente di sinistra della Dora.

Confini Amminstrativi 1:500 000
Politische Übersichtsskizze 1:500 000

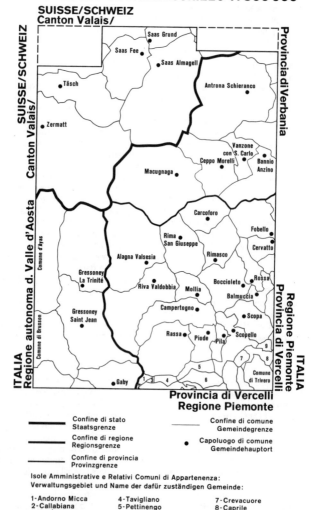

Confine di stato / Staatsgrenze
Confine di regione / Regionsgrenze
Confine di provincia / Provinzgrenze
Confine di comune / Gemeindegrenze
Capoluogo di comune / Gemeindehauptort

Isole Amministrative e Relativi Comuni di Appartenenza:
Verwaltungsgebiet und Name der dafür zuständigen Gemeinde:

1-Andorno Micca	4-Tavigliano	7-Crevacuore
2-Callabiana	5-Pettinengo	8-Caprile
3-Selve Marcone	6-Valle San Nicolao	9-Guardabosone

La Valle Anzasca è attraversata dal torrente Anza che annovera tra i suoi molti affluenti il torrente Quarazzolo ed il Rio Mondelli. Nel settore nord-orientale della carta il torrente Ovesca percorre la Valle di Antrona in direzione del Toce, mentre nella porzione elvetica si distinguono chiaramente le due ramificazioni della Vispa (Matter Vispa e Saaser Vispa), affluenti di sinistra del Rodano. Tra i laghi dominano i bacini artificali ed una nutrita serie di laghetti alpini; tra i primi è tristemente famoso il bacino artificiale di Mattmark (Svizzera) per la rovinosa frana che, nell'estate del 1965, costò la vita ad 88 operai che vi stavano lavorando. Tra gli altri bacini artificiali ricorderemo in Italia quelli di Camposecco, di Cingino, di Camplìccioli, di Antrona e di Alpe dei Cavalli (Valle di Antrona); quello del Gabiet (Valle di Gressoney). Questi bacini vengono prevalentemente utilizzati per scopi idroelettrici. Tra i laghetti alpini si distinguono quelli posti alla testata della Valle Artogna; il lago Nero ed il lago Bianco alle pendici del Corno Bianco (sulla cresta spartiacque tra le Valli di Gressoney e Valsesia); il lago della Battaglia e quello di Bringuez (sulla cresta spartiacque tra la Valle d'Ayas e quella di Gressoney). Tra le acque di superficie spicca per la sua consistenza il fenomeno glaciale che si concentra per lo più negli imponenti edifici orografici del Rosa e del Mischabel. In territorio svizzero riscontriamo da sud-ovest a nord-est lo sterminato Gornergletscher, il Grenzgletscher, il M. Rosa Gletscher, il Findelngletscher, il Längfluhgletscher, il Mellichgletscher, l'Allailingletscher, lo Schwarzberggletscher, il Feedgletscher, il Bildengletscher (sono stati volutamente omessi alcuni ghiacciai minori). In Italia riscontriamo i ghiacciai di Verra, il ghiacciaio di Felik, i ghiacciai del Lys, il ghiacciaio d'Indren, il ghiacciaio di Bors, i ghiacciai delle Piode, il ghiacciaio del Sesia, il ghiacciaio delle Vigne, i ghiacciai delle Locce, il ghiacciaio del Signale, il ghiacciaio del M. Rosa, il ghiacciaio del Nordend e quello del Belvedere (anche in questo elenco sono stati omessi alcuni aspetti minori del glacialismo). Al di fuori del gruppo del M. Rosa si distinguono i ghiacciai di Bottarello, alla testata della Valle di Loranco, nel settore nord-orientale della carta ed il ghiacciaio d'Otro posto a levante della Punta di Nescio (cresta spartiacque tra la Valle di Gressoney e la Valsesia).

Il M. Rosa

Il M. Rosa, la «Montagna» per antonomasia, costituisce con la sua vastissima estensione di rocce e ghiaccio, uno dei più significativi perni orografici dell'intero sistema alpino, senz'altro l'impianto morfologico più rilevante delle Alpi Pennine. La lunghezza della sua catena è all'incirca di 50 km, dal Passo di M. Moro ad est al Colle del Teodulo ad ovest; la sua altezza media supera abbondantemente i 4000 m raggiungendo la massima elevazione di 4634 m con la Punta Dufour emergente sulla sterminata distesa glaciale che fa da corona alla seconda vetta delle Alpi. Detto dai latini Mons Boscosus per l'abbondante ricchezza di vegetazione, divenne in seguito M. Rosio allorché l'inesorabile avanzata glaciale iniziò il progressivo depauperamento del suo manto forestale.

Nel XVII sec. era già definito con l'attuale denominazione che pare affondare le sue origini in espressioni dialettali valdostane quale roise, rése, rösa tutte significanti «monte di ghiaccio».

Trovano invece scarso credito tutte le altre versioni che derivano il toponimo dai riflessi che assumerebbero le sue nevi o dalla colorazione delle nubi che spesso nascondono le vette di questo gigante alpino. La storia alpinistica nel massiccio del M. Rosa ha inizio verso la fine del XVIII secolo, allorché alcuni giovani di Gressoney risalirono il Colle del Lys, scoprendo per la prima volta le immense distese glaciali esistenti sul versante svizzero e dando inizio alla vera e propria conquista delle cime del Rosa che si concretizzò nell'estate del 1801, allorché il medico Giordani si spinse fin sulla vetta che da allora porta il suo nome. Successivamente vennero effettuate ascensioni alle altre vette del gruppo; ricorderemo nel 1819 la scalata della Punta Vincent, la conquista dello Zumstein l'anno seguente, per giungere alla scalata della Punta Gnifetti nel 1842. Da quei remoti tempi centinaia di scalatori noti o sconosciuti si sono cimentati lungo le strapiombanti pareti gelate del Rosa, riproponendo ogni volta l'affascinante sfida tra uomo e montagna che affonda le sue radici nella notte dei tempi. Al giorno d'oggi il massiccio del Rosa é méta di alpinisti ed escursionisti provenienti da ogni parte del mondo; assieme al M. Bianco, al Gran Paradiso ed al Cervino (gli altri colossi della Montagna valdostana) costituisce una delle perle dell'intero arco alpino, severissimo banco di prova per gli appassionati della montagna, cui offre sensazioni meravigliose in uno dei più spettacolari contesti naturali esistenti nel nostro paese.

Per la sua felice posizione geografica, centrale nella catena alpina, rispetto al Cantone Vallese, Valle d'Aosta e Piemonte, è facilmente accessibile dai tre versanti principali (Valli di Matter e di Saas in Svizzera, Valli d'Ayas e di Gressoney in Val d'Aosta, Valli Sesia e Anzasca in Piemonte). Una nutrita serie di rifugi e punti d'appoggio disseminati lungo tutta la catena, unitamente ad una fitta rete di sentieri per lo più segnalati, consente all'appassionato alpinista ed anche al profano (pur con le non mai abbastanza sufficienti raccomandazioni di prudenza del caso) di accedere all'imponente regno montuoso dei quattromila metri. Oltre alla già citata Punta Dufour, culmine della catena, ricorderemo da ovest ad est: la Testa Grigia, 3480 m, la Gobba di Rollin, 3899 m, il Gruppo del Breithorn (tre cime che superano abbondantemente i 4000 m), la Roccia Nera, 4075 m, i Gemelli Castore e Polluce, 4228 e 4092 m, la catena dei Lyskamm (Lyskamm orientale, 4527 m), la Piramide Vincent, 4215 m, la Punta Giordani, 4046 m, la Punta Parrot, 4340 m, la Punta Gnifetti, 4559 m, la Punta Zumstein, 4563 m, il Nordend, 4609 m, la Cima di Jazzi, 3804 m (vedi anche carta turistica KOMPASS n. 87 «Breuil-Cervinia-Zermatt»).

Gruppi montuosi secondari

Un'analisi volutamente sintetica della struttura orografica presente in cartina, non potrà limitarsi ad osservazioni relative al maggiore impianto dell'orografia locale, ma dovrà considerare anche altre formazioni montuose ritenute «secondarie» rispetto al M. Rosa unicamente sotto il profilo delle dimensioni e dell'altezza, non certo sotto quello dell'interesse alpinistico. Proprio a nord del M. Rosa, in territorio elvetico, si erge il gruppo del Mischabel; esso è compreso tra le valli di Matter e Saas (Mattertal-Saastal) e consta di una serie di cime che superano i 4000 metri. Dal suo limite inferiore (Schwarzberg-Weißtor) in su ricorderemo lo Strahlhorn, 4190 m; il Rimpfischhorn, 4199 m; l'Allalinhorn, 4027 m; l'Alphubel, 4206 m; il Täschhorn, 4490 m; il Dom, 4525 m; il Lenzspitze, 4294 m ed il Nadelhorn, 4327 m. Tutto il gruppo è contornato da massicce ed imponenti formazioni glaciali che protendono le loro lingue nelle valli laterali. Sempre in Svizzera, immediatamente a nord della linea di confine, oltre il Pizzo d'Andolla, trovasi il massiccio montuoso del Weißmies. Trattasi di una serie di vette, la più elevata delle quali è il Weißmies, 4023 m. Tra le altre vette ritroviamo lo stesso Pizzo d'Andolla, 3653 m (Portjengrat). Anche questo gruppo presenta un discreto contorno glaciale, se pur inferiore per estensione a quelli precedentemente citati. I restanti rilievi in cartina si concentrano per lo più lungo le propaggini montuose che dal nucleo del M. Rosa protendono i loro terminali verso sud. Lungo lo spartiacque tra la Valle d'Ayas e quella di Gressoney riscontriamo da nord a sud alcune vette che superano i 3000 metri e precisamente il M. Rothorn, 3152 m; la Testa Grigia, 3315 m; il M. Pinter, 3132 m; il Corno Vitello, 3057 m. Tra la valle di Gressoney e la Valsesia osserviamo da nord a sud la Punta Stolemberg, 3202 m; l'Alta Luce, 3165 m; il Corno del Camoscio, 3026 m; il Corno Rosso, 3023 m; la Punta Straling, 3115 m; Il Corno Grosso, 3042 m; la Punta di Uomo Storto, 3014 m; la Punta di Netscio, 3280 m ed il Corno Bianco, 3320 m, oltre ad una nutrita serie di rilievi compresi tra i 3500 ed i 3000 m. Nel settore centrale della carta, ad oriente della Punta Gnifetti, si diparte un cuneo montuoso che divide la Valle Anzasca dalla Valsesia. I suoi rilievi principali sono costituiti dalla Punta Grober, 3497 m; da Pizzo Bianco, 3215 m; dal Pizzo Montevecchio, 2789 m; dal M. Tagliaferro, 2964 m. Più a nord, tra la Valle Anzasca e la Valle di Antrona segnaleremo il Pizzo di Antigine, 3189 m (confine tra Italia e Svizzera); la Punta Laugera, 2995 m; il Pizzo S. Martino, 2733 m; il Pizzo del Ton, 2675 m. Nel settore nord-orientale della carta, la testata della Valle di Antrona è contornata da una serie di rilievi che culminano nelle Punte di Cingino (Nord, 3227 m - Sud, 3104 m); citeremo la Punta della Rossa, 2911 m; la Punta Turiggia, 2811 m; il Pizzo Montalto, 2705 m. Alla testata della Val di Lortanco, sul confine tra Italia e Svizzera, si distingue infine il Pizzo Bottarello, 3487 m.

Il sistema delle valli

La complessa ed articolata componente orografica del territorio raffigurato sulla presente cartografia condiziona pesantemente la morfologia del terreno, che si esprime in un paesaggio dagli aspetti multiformi e che va vieppiù stemperandosi quando più si proceda verso la periferia del perno orografico principale. Da quest'ultimo si diparte una raggiera di valli che, quali linee di fuga da un nucleo principale, si irradiano verso le prealpi sui versanti vercellesi e novaresi del M. Rosa; verso la valle della Dora Bàltea su quello valdostano; in direzione della Valle del Rodano sul versante elvetico. Inizieremo questa sintetica analisi parlando della Valle di Gressoney della quale, su questa carta, manca il tratto inferiore da Gaby a Pont St. Martin. È attraversata dal torrente Lys che scaturisce nell'alta valle dalle ramificazioni dell'omonimo ghiacciaio; il torrente procedendo verso valle, raccoglie le acque di numerosi affluenti laterali che segnano profondamente il contorno orografico della valle. La sua testata è fortemente glacializzata; oltre ai ghiacciai del Lys si evidenziano le formazioni di Felik e del Garstelet. Soprattutto svettano gli erti pinnacoli del Lyskamm contornati da alcune delle più elevate vette del Rosa. La valle accoglie la comunità Walser di lingua tedesca, le cui origini sembrano collegarsi ad antiche migrazioni, attraverso i valichi del Rosa, dei coloni Vallesani presenti un tempo sul versante ora svizzero del secondo colosso delle Alpi. L'insediamento presenta caratteri di dispersione lungo la statale di fondovalle ed ai lati del torrente Lys; si distinguono i due centri di Gressoney-la-Trinité e Gressoney-St.-Jean, apprezzate località di soggiorno e rinomate stazioni sportive invernali. Procedendo verso est incontriamo la seconda valle in cartina, sicuramente la più importante ed estesa. La Valsesia propriamente detta si sviluppa dai contrafforti sud-orientali del M. Rosa, giungendo, con un percorso sinuoso, alla fascia del pedemonte in vista dell'alta pianura padana. Nella sua parte medio-alta è denominata Valgrande; la sua ampia testata è dominata da una delle più alte vette del M. Rosa, presenta ampie superfici glaciali intercalate da profondi solchi rocciosi ed accumuli detritici. Il Sesia scaturisce dalle acque di fusione dell'omonimo ghiaccio e da una serie di ramificazioni laterali provenienti dagli altri ghiacciai che contornano l'alta valle. Nel fondovalle scorre la strada statale, ai lati della quale si concentrano i maggiori agglomerati urbani, tra i quali si distingue Alagna Valsesia per l'ottima struttura ricettiva e per le sue infrastrutture al servizio degli sport invernali. La Valsesia presenta una successione di valli laterali; tra le più importanti ricorderemo la Valle d'Olen e la Val Vogna e la Valle Artogna nonché la Valle Sermenza che si immette, alla sinistra orografica, nei pressi di Balmuccia. La Valle Anzasca costituisce un altro imponente aspetto della morfologia locale; è attraversata dal torrente Anza e si sviluppa dal versante orientale del M. Rosa fino alla congiunzione con la Val d'Ossola, all'altezza dei Piedimulera. Il torrente Anza scaturisce nell'alta valle dalle acque di fusione dei numerosi ghiacciai che contornano l'imponente testata. Quest'ultima è contraddistinta da alcune tra le più elevate vette del gruppo; su tutte svetta la Punta Dufour, 4639 m, la seconda cima d'Europa, dopo quella del M. Bianco. L'insediamento nel fondovalle, percorso dalla statale n. 549, si articola in una serie di centri sparsi; tra tutti spicca Macugnaga, fino a qualche decennio fa importante centro minerario, oggi apprezzata stazione di soggiorno nel comprensorio del Rosa e moderno centro di sport invernali. Nel settore nord-orientale della cartina è raffigurata la parte alta della Valle di Antrona; è attraversata da torrente Ovesca e confluisce nella Val d'Ossola all'altezza di Villadossola. In questa parte della valle, come nella vicina e confluente Val Loranco, si riscontrano diversi bacini artificiali. Priva di località dal grande richiamo turistico, offre pur tuttavia notevoli opportunità agli escursionisti. Nel settore svizzero della cartina osserviamo da ovest ad est la Mattertal e la Saastal. La prima è percorsa dal torrente Matter Vispa ed accoglie la località di Zermatt, una delle perle dell'intero sistema alpino. La seconda, percorsa dal torrente Saaser Vispa, presenta imponenti contorni glaciali, nella sua parte alta si distingue il bacino artificiale di Mattmark. Tra le località del fondovalle, Saas-Grund, Saas-Fee e Saas-Almagell si evidenziano per le opportunità che offrono agli amanti degli sport invernali.

Parco Naturale Alta Valsesia

Istituito nel 1979 all'interno dei territori dei comuni di Alagna, Rima, Rimasco, Carcoforo, Rimella e Fobello, il Parco Naturale Alta Valsesia si estende su una superficie di circa 6500 ettari. Il suo territorio è di natura prevalentemente montana ed è quasi completamente situato sopra i 950 metri circa, raggiungendo i 4559 m in corrispondenza della Punta Gnifetti, nel massiccio del Monte Rosa, dove si trova il rifugio osservatorio Regina Margherita. In passato la popolazione dell'Alta Valsesia si dedicò allo sfruttamento di alcuni giacimenti auriferi, mentre oggi è diffuso l'allevamento del bestiame (bovini, ovini e caprini) mediante l'uso dei numerosi alpeggi che si trovano a varie altitudini. Notevole interesse geografico-naturalistico rivestono i ghiacciai del Monte Rosa, dai quali si originano i rami sorgentizi del fiume Sesia, e le associazioni floristiche di alta quota, caratterizzate dalla presenza di formazioni vegetali pioniere su rocce, detriti e morene. La fauna del parco è rappresentata principalmente da stambecchi e camosci, ma non mancano i caprioli, il cui numero pare in crescita, e le marmotte, molto diffuse. Tra i mammiferi di piccola taglia si riscontrano l'ermellino, la martora, la donnola, lo scoiattolo e la lepre bianca. L'avifauna annovera tra le specie più rappresentative l'aquila reale, che nidifica a quote comprese tra i 1500 e i 2200 metri, il corvo imperiale, la poiana, il gracchio corallino, la pernice bianca, il fagiano di monte, la coturnice.

Geologia

Ampia e complessa, la differenziazione dei costituenti litologici, è la risultanza di grandiosi fenomeni riconducibili all'orogenesi alpina e verificatisi nelle più diverse ere geologiche. Il settore orientale delle Alpi Pennine in genere presenta le tre principali categorie di rocce: dalle magmatiche alle sedimentarie, alle metamorfiche. Tra i pricipali costituenti litologici del M. Rosa troviamo gneiss, micascisti e calcescisti, rocce serpentine ed anfiboliti; il calcare metamorfosato si distingue in Valsesia assieme a micascisti e gneiss. Tra le curiosità sono da annoverare le miniere d'oro della Valsesia dove un tempo si estraeva, anche se in trascurabile quantità, il prezioso minerale dalle viscere del M. Rosa. Anche le miniere di Pestarena, in Val Anzasca, coltivate fino al 1961, restituivano oltre 500 kg di oro all'anno. In passato si tentò senza molto successo lo sfruttamento di altri minerali quali l'arseniopirite, la pirite argentifera e la galena. Diffuse, soprattutto in Valsesia, le cave di marmo (celebre, tra gli altri, il verde di Varallo).

Storia

Il territorio valdostano fu abitato fin dalla preistoria; reperti archeologici del 2000 a.c. testimoniano come le prime sedi umane esistessero già in epoche anteriori a quelle del bronzo e del ferro. Secondo i Romani, popolazioni di stirpe ligure occuparono dopo il neolitico la Valle; ai Liguri si sovrapposero genti appartenenti al ceppo celtico (V sec. a.c.), cui fecero seguito (II sec. a.C.) i Salassi, popolo alacre ed industrioso. Le prime campagne romane contro i Salassi sono databili al 143 a.C. sotto il consolato di Appio Claudio. La fondazione di Ivrea (100 a.C.) prelude alla costruzione della strada per le Gallie tra le odierne Milano e Lione. I rapporti tra i Salassi e i conquistatori romani rimasero turbolenti e ricchi di tensioni fin tanto che, nel 25 a.C., le legioni di Terenzio Varrone ebbero il definitivo sopravvento sulla popolazione indigena che fu ridotta in cattività ed in parte forzatamente romanizzata. Sorse in quell'epoca Augusta Praetoria (l'odierna Aosta) quale caposaldo militare nella Valle. Il dominio romano sulla Valle migliorò sensibilmente la rete viaria, ulteriormente ampliata ed integrata dopo la realizzazione dell'arteria per le Gallie.

Notevole importanza militare venne attribuita ai passi, in particolare a quello del Piccolo S. Bernardo, porta d'accesso e di comunicazione verso la regione transalpina. Il controllo della Valle da parte romana si limitò peraltro agli obiettivi strategici e militari, nonché allo sfruttamento delle risorse del suolo; più che zona di residenza stanziale la Valle d'Aosta fu concepita come importante regione di passaggio per le legioni e le merci imperiali. Il Cristianesimo affondò le sue radici nella Valle fin dal IV sec. allorché venne organizzandosi la diocesi di Aosta, posta sotto l'influenza del primate milanese. Prima del definitivo sgretolarsi dell'impero romano d'occidente (476 d.C.) la Valle d'Aosta subì le prime invasioni dei Burgundi e la sua parte superiore (l'odierna Valdigne) venne aggregata al Regno di Borgogna con capitale a Ginevra. Ai Burgundi successero Ostrogoti e Longobardi fin tanto che, nel 576 i Franchi stabilirono la loro dominazione sulla Valle che doveva durare per circa trecento anni. Nell'epoca carolingia si assisté al progressivo declino del Passo del Piccolo S. Bernardo, cui fu preferito quello del Moncenisio, per la sua posizione geografica più diretta e pianeggiante rispetto al principale asse di collegamento tra la Francia e Roma. Sul volgere del Mille S. Bernardo de Menthon fondò i due ospizi nei pressi degli omonimi passi mettendo definitivamente in fuga i Saraceni che per lungo periodo avevano infestato la Valle. Risale al 1040 la prima citazione del M. Bianco quale «Rupes Alba» secondo un documento ecclesiastico francese. Nel 1032 Umberto Biancamano ricevette da Corrado il Salico l'investitura della Contea di Aosta; sorse allora il primo nucleo di Casa Savoia che doveva formare uno stato a sé stante fino alla costituzione del Regno d'Italia nel 1861. Attorno al 1235 venne profondamente modificato l'assetto stradale alpino con la realizzazione dei Passi del Sempione del San Gottardo che andarono a scapito del Gran San Bernardo. Anche il Piccolo San Bernardo andò sempre più perdendo importanza a favore del Moncenisio ritenuto più interessante dalla politica espansionista di Casa Savoia che mirava al controllo di Susa e del Piemonte. Nei secoli compresi tra il 600 ed il 1200 si assisté al progressivo popolamento del territorio con la creazione di nuovi insediamenti e la fondazione di parecchi villaggi. Una prima sorta di governo autonomo regionale si ebbe verso la fine del 1300 allorché si costituì nella Valle la Congregazione dei Tre Stati che iniziò a legiferare in materia politica, amministrativa e giuridica. Sul finire del medioevo la Valle d'Aosta andò progressivamente perdendo d'importanza anche in conseguenza del trasferimento del papato ad Avignone. I primi segni della Riforma protestante calvinista si manifestarono nel 1535 nella vicina Svizzera; l'anno seguente lo stesso Calvino, sceso ad Aosta per predicare le proprie idee, venne messo in fuga dalla popolazione locale. Nel 1560 il trasferimento della capitale sabauda a Torino comportò un ulteriore scadimento dei passi valdostani; nel 1561 si sostituiva il francese al latino negli atti pubblici malgrado scarse e sporadiche resistenze. Dal 1600 in poi una serie di eventi bellici e naturali seminarono rovine, lutti e miserie nell'intera Valle cui si aggiunse la disastrosa pestilenza del 1630. La struttura economica della Valle ne uscì a pezzi; ma ancor più decimata sarà infine la popolazione che vedrà ridotta a 35.000 unità la precedente consistenza demografica attestata sui 105.000 abitanti.

Tra la fine del XVII sec. e gli inizi del XVIII sec. la Valle subì invasioni, violenze e devastazioni arrecate per mano dei Francesi. Sul finire del XVIII lo stato Sabaudo accentuò le sue prerogative centralistiche soppiantando perfino la Congregazione dei Tre Stati; parallelamente si assisteva ad una ripresa demografica dopo i flagelli provocati dalla pestilenza del secolo precedente.

I primi bagliori della Rivoluzione francese sconvolsero nuovamente la Valle, riconquistata dai Francesi che innalzarono il vessillo della coccarda tricolore; la situazione era oltremodo tesa ed ai limiti di una nuova conflagrazione, allorché si assistè ad una breve occupazione austriaca che durerà fino alla riconquista napoleonica, con la fondazione del Dipartimento della Dora che avrà vita fino al 1814. Frattanto la crescita di nuove infrastrutture schiuse la Valle alle fortune turistiche, prefigurando la regione quale paradiso di escursionisti ed alpinisti in particolare. Timidi tentativi di industrializzazione invertiranno per breve tempo la cronica tendenza all'emigrazione; con il trasferimento della Savoia alla Francia (1860) e con la realizzazione del traforo ferroviario del Frejus, venne ancora una volta a diminuire l'importanza della Valle e dei suoi collegamenti stradali. Un recupero apprezzabile si avrà solo agli inizi del presente secolo, allorché lo sfruttamento minerario della regione porterà a nuove immigrazioni ed a una sensibile crescita della struttura demografica.

Oggi la Valle d'Aosta è costituita in Regione Autonoma ed è retta da uno Statuto speciale approvato dall'Assemblea Costituente con legge costituzionale del 26 febbraio 1848. Lingue ufficiali sono l'italiano ed il francese, introdotto dall'Autonomia regionale alla fine del secondo conflitto mondiale. Pur tuttavia la maggioranza della popolazione valdostana parla ancora il «Patois», sorta di dialetto franco-provenzale; nella zona di Gressoney sussiste anche una piccola isola linguistica ove si parla un dialetto simile al tedesco (Walser). Della Valsesia sappiamo per certo che venne abitata da popolazioni appartenenti al ceppo ligure, prima di cadere (34 a.C.) sotto il dominio romano. Successivamente (età longobarda) fu dapprima parte integrante del Ducato di Isola S.Giulio per poi passare sotto la Marca di Ivrea ed altre signorie locali. Nel XIII secolo vennero organizzandosi forme di autonomia con propri statuti allorché sorse un'«Università di comuni» con sede a Varallo. Anche questo piccolo organismo dipese però, sotto il profilo dell'assetto feudale, dall'impero in prima analisi, per poi dipendere in seguito da Milanesi e Spagnoli, prima della definitiva assegnazione ai Savoia (XVIII sec.).

Come comportarsi durante le escursioni

L'escursionismo in un ambiente naturale quasi incontaminato rappresenta per l'uomo un'esperienza particolare. Se l'escursionista vorrà trovare riposo e soddisfazione è bene che segua alcuni consigli. Le persone inesperte dovrebbero effettuare esclusivamente escursioni facili che, in normali condizioni atmosferiche, possono essere condotte senza l'aiuto di una guida. Escursioni in alta montagna richiedono notevole esperienza oppure la presenza di una guida alpina.

L'equipaggiamento di base di ogni escursionista dovrebbe essere costituito da scarponi alti con suola di gomma intagliata, vestiario appropriato, zaino, protezione contro la pioggia, farmacia tascabile, protezione solare (crema) e carta turistica dei sentieri e rifugi. Una lampada tascabile, la bussola e l'altimetro forniscono un'ulteriore sicurezza. Sarà utile, prima di intraprendere un'escursione, informarsi sullo stato del percorso, sulla lunghezza del medesimo e sul grado di difficoltà, senza tralasciare un accurato esame delle condizioni fisiche di ognuno. Inoltre bisognerà considerare attentamente le condizioni atmosferiche ed ambientali, chiedendo consiglio anche alla gente del luogo.

Alte Vie

Le alte vie possono essere percorse senza difficoltà particolari da ogni buon escursionista. Buona pratica della montagna e sicurezza nel passo sono invece richieste per le possibili varianti che conducono alle cime e attraverso le vie ferrate. È importante in ogni caso un adeguato equipaggiamento per la montagna con scarponi robusti, vestiario caldo e protezione contro la pioggia, dal momento che le alte vie, tracciate ad un'altezza media compresa tra i 2000 e i 2500 metri, sono esposte in ogni periodo dell'anno al rischio di repentini ed improvvisi cambiamenti del tempo.

Alta Via della Valle d'Aosta n. 1

Di questa Alta Via, tracciata dall'Ing. A.Ceresa, possiamo seguire parte della prima tappa da Gressoney-St.-Jean alla località Crest. Per la prosecuzione vedi anche carte turistiche KOMPASS n.87 «Breuil-Cervinia-Zermatt» e n.85 «M. Bianco/Mont Blanc». Segnaletica: ⚠ (colore rosso).

Tappa n. 1: Da Gressoney-St.-Jean al Rifugio Ferraro (St. Jacques), tempo di percorrenza: ore 9 circa.
Da Gressoney-St.-Jean a Chemonal, 1407 m, lungo la strada di fondovalle, 15 min. circa. Da Chemonal al Colle di Pinter, 2777 m, ore 5 circa. Dal colle si scende a Crest, 1935 m, passando per Lavassey e Cunéaz, ore 2 circa. Da Crest al Rif. Ferraro e da lì a St. Jacques, 1689 m, ore 1.45/2 circa.

Grande Traversata della Alpi

La GTA è un lungo itinerario escursionistico di oltre 1000 km, che attraversando cinque province, dalle Alpi Marittime conduce al Lago Maggiore. Sull'itinerario principale si innestano percorsi ad anello che permettono di approfondire la conoscenza di zone particolari, ricollegandosi poi al punto di partenza. Il tragitto è attrezzato con oltre 120 posti tappa, strutture ricettive situate ove possibile nei centri abitati. La carta riporta parte del tracciato dal Rif. Rivetti nella porzione inferiore, ad Alagna Valsesia e da lì a Macugnaga o a Carcoforo.

Tappa n. 1: Dal Rif. Rivetti a Riva Valdobbia, tempo di percorrenza: ore 6 ca. Dal Rif. Rivetti, 2201 m, si sale superando il Colle Loozeney, 2395 m, donde si prosegue per il lago Nero raggiungendo infine l'Alpe Camino. Da lì, costeggiando il torrente Maccagno si raggiunge Riva Valdobbia, 1112 m, attraverso la Val Vogna.

Tappa n. 2: Da Riva Valdobbia a Rima in Valle Sermenza lungo la Variante Colonie Walser, tempo di percorrenza: ore 7 circa.
Da Riva Valdobbia si raggiunge Alagna Valsesia dove ha inizio la salita al Colle Mud, 2324 m, da lì si discende a Rima, 1400 m, per l'Alpe Vorco e l'Alpe Valmontasca.

Tappa n. 3: Da Rima a Carcoforo in Val d'Egua lungo la Variante Colonie Walser, tempo di percorrenza: ore 5 circa.

Da Rima si risale al Colle del Termo, 2531 m, passando per l'Alpe Chiaffera; dal Colle si discende per l'Alpe Trasinera raggiungendo Carcoforo.

Tappa n. 4: Da Alagna Valsesia a Borca di Macugnaga in Valle Anzasca tempo di percorrenza: ore 7/8 circa.

Da Alagna si risale in direzione dell'alta valle costeggiando il torrente oltre S.Antonio per l'Alpe Blatte, 1603 m; da lì si segue il sentiero per il Colle del Turlo, 2738 m, oltre l'Alpe Fallar e Alpe Grafenboden. Dal Colle si discende alla méta per la Val Quarazza costeggiando il Biv. Lanti, 2150 m, le rovine dell'Alpe Schena, la Piana e la Città morta (miniere abbandonate e Museo Minerario).

Tour Monte Rosa

Sulla presente carta è raffigurato quasi interamente il percorso del TMR, che si snoda attraverso Italia e Svizzera attorno al massiccio del Monte Rosa. Per utilità pratica inizieremo la descrizione di questa Alta Via partendo da Alagna Valsesia, nell'inconfondibile scenario alpino della Valgrande. Da Alagna Valsesia, 1191 m, al Passo Foric, 2432 m, ore 2.30. Dal Passo Foric a Tschaval, 1825 m, nella Valle di Gressoney, ore 3.30. Da Tschaval al Colle di Bettaforca, 2672 m, ore 2.40. Dal Colle di Bettaforca a Resy, 2072 m, ore 1.10. Da questo punto fino alla località svizzera Zermatt è possibile seguire l'itinerario sulla carta turistica KOMPASS n. 87 «Breuil - Cervinia - Zermatt». Da Resy si scende in Val d'Ayas per poi risalire al Colle Sup.re delle Cime Bianche, 2982 m, ore 4 circa. Dal Colle Sup.re delle Cime Bianche al Passo del Teodulo, 3290 m, punto di confine tra Italia e Svizzera, ore 3.45. Dal Passo del Teodulo a Zermatt, 1616 m, ore 4. L'itinerario ora prosegue verso nord lungo il fondovalle della Mattertal, per poi volgere nuovamente verso sud sul versante occidentale della Saastal. Riprendiamo la descrizione dell'itinerario da Saas-Fee, 1800 m; si prosegue per Saas-Allmagell, 1673, 50 min. circa, si costeggia il lago artificiale di Mattmark, per risalire al Passo di Monte Moro, 2868 m, che segna il confine di stato tra l'Italia e la Confederazione Elvetica, ore 5. Dal Passo di Monte Moro a Staffa, 1249 m, ore 2.30. Da Staffa al Colle del Turlo, 2738 m, ore 5. Dal Colle del Turlo si rientra ad Alagna Valsesia, 1191 m, ore 3.

Il grande sentiero dei Walser

L'itinerario ripercorre antiche mulattiere e sentieri che i Walser, antica popolazione di origine tedesca, utilizzarono nel Medioevo per stabilirsi in oltre 150 località del Vallese, del Ticino, dei Grigioni, del Nord Italia e del Vorarlberg (Austria). I Walser svilupparono particolari tecniche di coltivazione e di insediamento in ambiente alpino, vantarono poi i loro diritti di successione e divennero gli abitanti di queste valli di montagna, che fino ad allora erano state poco o per nulla abitate e ancora oggi rappresentano il popolo geograficamente più alto del continente europeo. Molto tipici sono i villaggi, con case in legno edificate su una base di pietra. In questo territorio ostile i Walser si dedicarono con successo all'agricoltura e all'allevamento, nonché all'attività commerciale e in questo modo si fecero conoscere un po' dovunque come validi commercianti. Lungo l'itinerario l'escursionista potrà visitare numerosi musei di storia locale, allestiti perlopiù in edifici storici o in case contadine abbandonate, come ad esempio il Museo Walser di Pedemonte (Alagna Valsesia) che si trova in una casa contadina del

1628. Molto interessanti anche il Museo alpino di Zermatt, il Saaser Museum di Saas-Fee, la Casa-museo Walser di Borca (Macugnaga) e il Museo del Monte Rosa di Staffa (Macugnaga).

Elenco dei Rifugi Alpini

Non ci assumiamo responsabilità alcuna per le indicazioni fornite. Prima di iniziare le escursioni informarsi a valle sul periodo di apertura dei rifugi e sulla disponibilità o meno di alloggiamento. Per gli accessi, le traversate più impegnative e le ascensioni consigliamo di consultare una guida specifica.

Monte Rosa

Alpe Hinderbalmo, Bivacco, 2000 m (B 4), alla sinistra orografica dell'alta Valle Anzasca. Accesso: da Pecetto, sentiero in ore 1.45. Traversata: alla Capanna E. Sella, sentiero per A. Roffel, A. Roffelstaffel, ore 6 circa.

Barba Ferrero, Capanna, 2240 m (B 5), presso le morene terminali del ghiacciaio del Sesia. Accesso: dall'A. Blatte, sentiero per l'A. Fonkegno, A. Tonflua, ore 2 circa. Traversata: alla Cap. Gugliermina, ore 3 (solo per esperti, diffici passaggi su ghiaccio e roccia).

Belloni, Bivacco, 2500 m (B 4), ai piedi della propaggine rocciosa digradante dal Fillarhorn. Accesso: da Pecetto sentiero per A. Roffelstaffel, A. Fillar donde al Bivacco risalendo i costoni rocciosi del Fillarhorn, ore 3.30 circa.

Boffalora, Rifugio, 1635 m (C 5), proprietà del CAI. In alta Val D'Egua. Accesso: sentiero da Carcoforo oltre i Giac, ore 1 circa. Traversate: al Passo di Tignaga, 2472 m sentiero per il Pian delle Rose, Alpe Giaset, ore 2.30 circa. Al Colle d'Egua, 2239 m, sentiero oltre l'A. Sellette, ore 2.15 circa.

C.A.I., Ricovero, 1889 m (B 8), proprietà del CAI in località Alpe Campo (Valle Artogna). Accesso: sentiero da Campertogno, per Otra, Oratorio di Campello, Canvaccia, C. di Sopra, ore 3 circa. Traversate: al Colle della Meia, 2649 m, sentiero per l'Alpe Scanetti, Alpe Giare, ore 2.30. A Riva Valdobbia, 1112 m, sentiero per la Bocchetta d'Ea, 2288 m, A. Laghetto Stella, A. Stella, ore 4 circa.

C.A.I., Ricovero, 1649 m (C 9), proprietà del CAI in località Alpe il Toso. Accesso: sentiero da Rassa per l'Alpe Sorba, A. Mazzucco, ore 2. Traversata: al Rif. Rivetti, sentiero per l'Alpe Lamaccia, A. del Prato, Bocchetta Niel, 2501 m, ore 3 circa.

C.A.I. Saronno, Rifugio, 1932 m (B 4), in alta Valle Anzasca. Accesso: seggiovia da Pecetto. Traversata: al Bivacco Belloni, ore 2 circa.

Città di Gallarate, Bivacco, 3969 m (B 4), nei pressi dello Jägerhorn. Accesso: da Pecetto in Valle Anzasca, si ripercorre l'itinerario per il Biv. Belloni (vedi ivi), risalendo alla méta per la cresta Jägerrücken, ore 7 circa (solo per esperti). Traversate: al Rif. M. Rosa, attraverso l'omonimo ghiacciaio, ore 4/5 circa (solo per esperti, difficili passaggi su roccia e ghiaccio). Al Rif. Osservatorio Regina Margherita, sentiero lungo la cresta montuosa, ore 4 circa (solo per esperti).

Città di Mantova, Rifugio, 3470 m (B 6), proprietà della Soc. Guide Gressoney. Presso le rocce che delimitano il ghiacciaio di Garstelet separandolo da quello d'Indren. Accesso: da Ciaval, si segue il segnavie per A. Lavetz, si risale passando vicino al lago Verde ed alle rovine del Rifugio Linty, ore 4 complessive circa. Dalla stazione a monte della funivia di P.ta Indren, ore 1 (solo per esperti, attraversamento di ghiacciaio, passaggi su roccia). Traversate: ai numerosi bivacchi e rifugi della zona.

Città di Mortara, Rifugio, 1945 m (B 6), in Valle d'Olen. Accesso: sentiero da Alagna Valsesia, ore 2.30 circa. Traversate: al Rif. Crespi Calderini, sentiero oltre la Bocchetta delle Pisse, 2396 m, ore 2.30 circa. Al Rif. Guglielmina e al Rif. Città di Vigevano, sentiero per l'Alpe Pianalunga, Sasso del Diavolo, ore 3 circa.

Città di Vigevano, Rifugio, 2881 m (B 6), nei pressi del Colle d'Olen. Accesso: da Gressoney la Trinité, sentiero per Gruebe, il Rif. Gabiet, si risale oltre il Colle in ore 5 circa. Traversate: al Rif. Città di Mortara, ore 2.30. Al Biv. Ravelli, per il Passo Foric, 2472 m, e Pianmisura, ore 4.30 circa.

Crespi Calderini, Rifugio, 1830 m (B 6), nei pressi dell'Alpe Bors (Alta Valsesia). Accesso: sentiero dalla fine della strada di fondovalle per l'A. Blatte, 45 min. Traversate: al Rif. Città di Mortara, sentiero oltre la Bocchetta delle Pisse, 2396 m, ore 2.45. Al Rif. Città di Vigevano, sentiero per l'A. la Balme e C. Miniere, ore 3 circa.

delle Guide Frachey, Rifugio, 2080 m (A 6), locale privato nei pressi di Resy. Accesso: da St. Jacques, 45 min. Traversata: al Rif. Mezzalama, 3036 m, sentiero per il Vallone di Verra, ore 3.30 circa.

del Lys, Rifugio, 2342 m (A B 6), proprietà del CAI di Gallarate. Non distante dal lago del Gabiet e dall'omonimo rifugio. Accesso: sentiero da Ciaval, ore 1.30. Traversate: al Rif. Gabiet, 15 min. Al Rif. Città di Vigevano, ore 2 circa.

Felice Giordano al Balmenhorn, Bivacco, 4167 m (B 5), alla sinistra orografica del ghiacciaio del Lys Orientale. Accesso: da Ciaval sentiero per A.Lavetz, Rif. Città di Mantova, Rif. Gnifetti, si risale in parte il ghiacciaio del Garstelet risalendo poi il ghiacciaio del Lys Orientale, ore 8 circa (solo per esperti). Traversate: alla Capanna Gugliermina, per il Colle delle Piode, 4285 m, ore 5 circa (solo per esperti, difficili passaggi su ghiacciaio e roccia). Al Rif. Osservatorio Regina Margherita, ore 3 (solo per esperti, difficili passaggi su ghiaccio e roccia).

Ferioli, Rifugio, 2264 m (C 6), nei pressi del Colle di Mud (sinistra orografica dell'alta Valsesia). Accesso: da Alagna Valsesia, seguendo la variante della GTA per Carcoforo, ore 3.30 circa.

Ferraro, Rifugio, 2066 m (A 6), locale privato alla destra orografica del Vallone della Forca. Accesso: sentiero da St. Jaques, ore 1 (vedi carta turistica KOMPASS n. 87 «Breuil-Cervinia - Zermatt»). Traversate: al Rif. Mezzalama, sentiero per il Vallone di Verra, ore 3 circa. Al Palon di Resy, 2675 m, ore 2 circa. Al Colle della Bettaforca, 2672 m ore 2.

Fluhalp-Touristen-Haus, 2610 m (A 3), locale privato nei pressi delle morene glaciali alla destra orografica del ghiacciaio del Findeln. Accesso: sentiero da Findeln, ore 2. Traversate: al Blauherd-Skihütte, 30 min. Al Kulmhotel, ore 4.

Gabiet, Rifugio, 2357 m (B 6), proprietà del CAI di Gressoney. Nei pressi dell'omonimo lago. Accesso: sentiero da Gressoney-la-Trinité, ore 3 circa. Traversate: al Rif. del Lys, 15 min.. Al Rif. Città di Vigevano, oltre il Colle d'Olen, ore 2 circa. Al Biv. Ravelli, per il Passo di Uomo Storto, 2880 m, ore 4 circa.

Gastaldi, Bivacco, 2560 m (B 7), proprietà del CAI di Gressoney. Nella parte alta del Vallone di Netscio (sinistra orografica della Valle di Gressoney). Accesso: sentiero da Gressoney, ore 3.30 circa.

Gnifetti, Rifugio, 3647 m (B 5/6), proprietà del CAI di Varallo. Nei pressi di uno sperone roccioso affiorante dal ghiacciaio del Garstelet. Accesso: dalla località Gabiet, 2350 m (fin lì anche in funivia) sentiero, ore 4 circa (diff. media). Traversata: al Biv. Felice Giordano al Balmenhorn, ore 3 circa (solo per esperti).

Guglielmina, Rifugio, 2881 m (B 6), locale privato nei pressi del Colle d'Olen. Accesso: da Gressoney-la-Trinité, sentiero per Rif. Gabiet, si risale oltre il Colle d'Olen, 2881 m, in ore 5 circa. Traversate: al Rif. Città di Mortara, ore 2.30. Al Biv. Ravelli, per il Passo Foric, 2432 m, e Pianmisura, ore 4.30 circa.

Gugliermina, Capanna (Valsesia), 3260 m (B 5), alla testata della Valsesia. Accesso: sentiero da S. Antonio (sulla strada di fondovalle della Valsesia) per A. Pile, A. Bors, si risale alla méta lungo il versante sud-orientale del M. Rosa, ore 6 complessive circa (solo per esperti). Traversata: alla Capanna Barba Ferrero, ore 2.30.

Guide di Ayas, Rifugio, 3425 m (A 5), sulla cresta che divide i ghiacciai di Verra. Acceso: dal Rif. Mezzalama in 1.30 ore circa. Traversate: al Biv. Rossi e Volante, ore 1.30 (solo per esperti).

Kulmhotel, 3131 m (A 4), locale privato presso il Gornergrat (stazione a monte della ferrovia da Zermatt). Accesso: in ferrovia o per sentiero da Zermatt passando dagli alberghi Riffelalp e Riffelberg, ore 5 circa. Traversate: al M. Rosa-Hütte, attraverso il ghiacciaio del Gorner, ore 4 (solo per esperti). Al Blauherd Skihütte, ore 4.

Lanti, Bivacco, 2150 m (C 3), alla testata della Val Quarazza. Accesso: da Borca di Macugnaga, risalendo la valle per la Città Morta, la Piana, A. Schena, ore 3 circa. Traversate: al Rif. A. Massero, sentiero per l'Alpe Schena ed il Colle della Bottiglia, 2607 m, ore 3 circa.

Marinelli, Rifugio, 3036 m (B 5), sopra l'omonimo canalone (Valle Anzasca). Accesso: da Pecetto, sentiero per il Rif. Zamboni-Zappa, si prosegue fino al Lago delle Loccie donde si risale la cresta rocciosa tra i ghiacciai del M. Rosa e del Nordend, ore 6 circa (solo per esperti).

Massero A., Rifugio, 2082 m (C 5), alle pendici orientali del Pizzo Montevecchio (alta Val d'Egua). Accesso: sentiero da Carcoforo per le Coste, A. Fornetto, ore 2.30 circa. Traversata: al Biv. Lanti, sentiero oltre il Colle della Bottiglia, 2607 m, per l'Alpe Schena, ore 3 circa.

Mezzalama, Rifugio, 3036 m (A 5), proprietà del CAI di Torino. Lungo la cresta rocciosa che divide i ghiacciai di Verra. Accesso: da St. Jaques (Valle d'Ayas vedi anche carta turistica KOMPASS n. 87 «Breuil-Cervinia-Zermatt») sentiero attraverso il Vallone di Verra, ore 4. Traversate: al Biv. Rossi e Volante, attraversando il ghiacciaio di Verra, ore 2.30 (solo per esperti). Al Rif. Guide di Ayas, ore 1.30 circa.

M. Rosa-Hütte, 2795 m (A 4), proprietà del CAS di Martigny. Al margine di rilievi morenici emergenti dalle ampie formazioni glaciali sul versante elvetico del M. Rosa. Accesso: sentiero dalla stazione ferroviaria di Rotenboden, ore 3 circa (solo per esperti, attraversamento su ghiacciaio). Traversate: al Biv. Felice Giordano al Balmenhorn, per il Lysjoch, 4228 m, ore 6 circa (solo per esperti, difficile attraversamento su ghiacciaio e roccia). Al Rif. Osservatorio Reg. Margherita, ore 7 (solo per esperti, difficile attraversamento su ghiacciaio e roccia). Al Kulmhotel, attraversando l'ampio ghiacciaio del Gorner, ore 2 circa (solo per esperti).

Oberto Gaspare, Rifugio (Città di Malnate), 2786 m (C 3/4), proprietà del CAI nei pressi del M. Moro. Accesso: funivia da Staffa di Macugnaga o per sentiero in ore 6 circa. Traversata a Saas Almagell, 1673 m, sentiero oltre il Passo di M. Moro, 2868 m, donde si discende lungo la Saastal, ore 3/4 circa.

Osp. Sottile, Rifugio, 2480 m (B 8), nei pressi del Colle Valdobbia (testata della Val Vogna). Accessi: da Valdobbia (Valle di Gressoney), sentiero per l'omonimo colle, ore 4 circa. Da S. Antonio in Val Vogna (fin lì anche in auto), si prosegue per sentiero (GTA) fino alla Montata donde si risale per A. Solino, ore 3.30 circa. Traversata: al Bivacco Gastaldi, sentiero per il Passo di Valdobbiola, 2635 m, Passo dell'Alpetto, 2774 m, si volge a sinistra costeggiando il lago Nero, si risale oltrepassando la Bocchetta di Netscio, 3107 m, ore 5 circa.

Pastore F., Rifugio, 1575 m (B 6), presso l'Alpe Pile (alta Valsesia). Accesso: da S.Antonio (strada di fondovalle), sentiero in ore 30 min. circa. Traversate: al Rif. Crespi Calderini, sentiero per Cas. Lunga, 45 min. Alla Capanna Barba Ferrero, sentiero per A. Blatte, A. Safejaz superiore, ore 2.30 circa. Alla Capanna Gugliermina, seguendo in parte l'itinerario precedente, ore 5 circa.

Ravelli, Bivacco, 2504 m (B 7), alle propaggini nord-orientali della Punta di Uomo Storto. Accesso: da Alagna Valsesia sentiero per Resiga, Dorf, Scarpia, Pianmisura, A. Cuttiri, ore 5 circa. Traversate: al Rif. Gabiet, sentiero per il Passo di Uomo Storto, 2880 m, a Schwarzblatten, ore 3 circa. Al Biv. Gastaldi, sentiero per il Passo di Uomo Storto, si attraversa il Vallone di Spisse risalendo il Vallone di Netscio sino al Bivacco, ore 3 circa.

Regina Margherita, Rifugio Osservatorio, 4559 m (B 5), nei pressi della Punta Gnifetti, si tratta del più alto rifugio d'Europa. Accesso: da S. Antonio per l'Alpe Blatte, sentiero per A. Safejaz superiore, si oltrepassa la Capanna Barba Ferrero attraversando il ghiacciaio delle Vigne e risalendo per la cresta Signale, ore 9 circa (solo per esperti). Al Rif. M. Rosa, attraversando l'omonimo ghiacciaio, ore 5 circa (solo per esperti). Al Bivacco Città di Gallarate, ore 4 circa (solo per esperti).

Resegotti, Capanna, 3624 m (B 5), alle propaggini della Costa del Signale. Accesso: dalla Capanna Barba Ferrero (vedi ivi), sentiero in ore 4 circa (solo per esperti). Traversata: al Rif. Oss. Regina Margherita, ore 3 circa (solo per esperti).

Riffelalp, Hotel, 2222 m (A 3), locale privato presso l'omonima alpe. Accesso: da Zermatt sentiero per il Vord. Wälder, ore 2.30. Traversate: all'Hotel Riffelberg, ore 1. Al Kulmhotel oltre l'Hotel Riffelberg, ore 2.30. Alla Fluhalp-Touristen-Haus, sentiero per Ze Seewjinen ed il Grünsee, ore 2.

Riffelberg, Hotel, 2562 m (A 4), locale privato presso l'omonima alpe. Per l'accesso e le traversate vedi sotto l'Hotel Riffelalp.

Rivetti, Bivacco, 2201 m (B 9), alle pendici meridionali della P.ta Tre Vescovi. Accesso: da Piedicavallo (fuori carta). Traversata: al Biv. CAI presso l'Alpe il Toso, 1649 m, sentiero per la P.ta Tre Vescovi, A. del Prato, A. Lamaccia, ore 3 circa.

Rossi e Volante, Bivacco, 3750 m (A 5), proprietà del CAI-UGET di Torino. Su di una sporgenza rocciosa affiorante dal ghiacciaio di Verra. Accesso: dal Rif. Mezzalama attraverso il ghiacciaio di Verra, ore 2.30 (solo per esperti). Traversata: al M. Rosa-Hütte, attraversando il versante glaciale svizzero, ore 5.30 circa (solo per esperti).

Sella E., Capanna, 3029 m (B 4), alle propaggini orientali della Neue Weißtor-Spitze. Accesso: da Pecetto, sentiero oltre l'Alpe Roffelstraffel, ore 6 circa.

Sella Q., Rifugio, 3585 m (A 5/6), proprietà del CAI di Biella. Su di uno sperone roccioso al margine inferiore del ghiacciaio di Felik. Accessi: da St. Jaques (Valle d'Ayas) si segue il segnavia sino al Colle della Bettaforca si volge a sinistra procedendo sino al Rifugio, ore 6 circa. Da Ciaval (Valle di Gressoney) si segue il segnavie salendo fino al Colle della Bettaforca ove si incontra e si segue sino al Rif. l'itinerario precedente, ore 6/7 circa. Traversata: al M. Rosa-Hütte, per il Felikjoch (solo per esperti, difficile passaggio su ghiacciaio e roccia), ore 6/7 circa.

Ulrich Lateltin, Bivacco, 3132 m (A 7), riparo sulla cresta rocciosa che unisce il M. Pinter alla Testa Grigia. Accessi: da Gressoney-la-Trinité, sentiero, ore 4 circa. Da Champoluc (Valle d'Ayas), sentiero per Crest, Cunéaz, C.le di Pinter, 2777 m, ore 5/6 circa. Traversata: alla Testa Grigia, 3315 m, 45 min. circa (solo per esperti).

Zamboni Zappa, Rifugio, 2070 m (B 4), presso la morena laterale destra del ghiacciaio del Belvedere. Accesso: da Pecetto in Valle Anzasca, sentiero oltre l'Alpe Burki, ore 2.30 circa. Traversate: al Rif. Marinelli, ore 3 circa (solo per esperti, difficili passaggi su roccia e ghiaccio). Al Biv. Belloni, ore 2 circa.

Andolla

Almageller-Hütte, 2860 m (C 1), proprietà del C.A.S. Edificio di recente costruzione alle pendici meridionali del Weißmies. Accesso: sentiero da Saas-Almagell per l'Almagelleralp. Si risale la Weißtal sino al rifugio, ore 4 circa.

Andolla, Rifugio, 2061 m (C 2), alle pendici orientali dell'omonimo Pizzo. Accesso: dall'Alpe Cheggio (fin lì anche in auto) si segue il sentiero che costeggia il bacino A. dei Cavalli per A.Ronchelli, A.Campolamana, si risale alla meta dopo aver costeggiato il torrente Loranco, ore 2.45. Traversata: al Passo d'Andolla, 2418 m, ore 1.

Antigine, Bivacco, 2985 m (C 3), riparo presso l'omonimo passo. Accessi: segnavie dalla diga del bacino di Campliccioli (fin lì anche in auto) per A.Granarioli, A.Sasso, A.Casonotto donde alla méta, ore 4 circa. Dalla sponda orientale del bacino di Mattmark (versante elvetico), fin lì anche in auto, si risale la Ofental, ore 2 circa.

Camposecco, Bivacco, 2335 m (C 2), riparo nei pressi della diga dell'omonimo bacino artificiale. Accesso: segnavie dalla diga del bacino di Campliccioli (fin lì anche in auto), per A.Banella, A.Loraccio, ore 3 circa. Traversata: al Biv. Città di Varese, segnavie oltre le Coronette di Camposecco, 2697 m, ore 2 circa.

Città di Novara Rifugio, 1500 m (D 2), presso l'Alpe Cheggio in Val Loranco. Accesso: in auto da Antronapiana. Traversata: al Rif. Andolla, sentiero per l'A. Fraccia, si costeggia il bacino A. dei Cavalli, si passa per l'Alpe del Gabbio, A. Ronchelli donde si costeggia il torrente Loranco per risalire al rifugio in ore 2.45 circa.

Città di Varese, Bivacco, 2650 m (C 2), riparo alla sinistra orografica dell'alta valle di Loranco. Accesso: dal Rif. Andolla (vedi ivi), segnavie in ore 2 circa.

Longa, Bivacco, 2036 m (CD 4), riparo presso l'A. Cortenero. Accesso: segnavie da Prequartera (Ceppo Morelli) per l'A. Colla, A. Cortenero, ore 4 circa.

Michabel

Blauherd, Skihütte, 2601 m (A 3), in località Findelnalp. Accesso: da Zermatt direttamente con impianti di risalita o per sentiero in ore 3 circa. Traversata: alla Touristen-Haus Fluhalp, sentiero lungo lo Stellisee, 30 min.

Britannia, Hütte, 3030 m (B 2), proprietà del CAS sezione di Ginevra, nell'alta Saastal, alle pendici nord-orientali dell'Allalinhorn. Accesso: sentiero dalla stazione a monte sella funivia da Saas-Fee (Felskinn), 30 min.

Längflue, Hotel, 2870 m (B 2), in località Längflue su di uno sperone roccioso emergente dalla base del Feegletscher. Accesso: funivia da Saas Fee o per sentiero in ore 3.30 circa. Traversata: al Mischabeljoch Biwak, attraversando il ghiacciaio, ore 4 circa (solo per esperti, difficili passaggi su ghiaccio e roccia).

Mischabeljoch, Biwak, 3860 m (B 2), proprietà del CAS, sezione di Ginevra, nei pressi dell'omonimo passo. Accesso: dall'Hotel Längflue, 2870 m (vedi ivi), ore 4 circa (solo per esperti).

Mischabel, Hütten, 3340 m (B 1), trattasi di due locali contigui di proprietà del Club Alpino Accademico di Zurigo. Alle pendici nord-orientali del Lenzspitze. Accesso: sentiero da Saas-Fee, ore 4 circa.

Täsch, Hütte, 2701 m (A 2), proprietà del CAS di Zurigo, ai terminali sud-occidentali dell'Alphubel. Accessi: da Täsch, sentiero per Täschberg, Eggenstadel, Stafelti, Ottavan, ore 4 circa. Da Zermatt, sentiero per Tufteren, Galen, Ottavan, ore 6 circa.

Prealpi Biellesi

Monte Barone, Rifugio, 1610 m (D 9), locale privato alle falde sud-orientali dell'omonima vetta. Vedi carta turistica KOMPASS n. 97 «Omegna-Varallo-Lago d'Orta».

Dent Blanch

Weißhornhütte, 2932 m (A 2), proprietà del CAS di Basilea, alla sinistra orografica della Mattertal. Accesso: da Täsch, sentiero alla sinistra idrografica della Matter Vispa sopra Schaliachern, Rotiboden, Jatz, ore 4 circa.

Segnale di soccorso alpino: dare **per sei volte** in un minuto, a intervalli regolari, un segno visibile o udibile, poi fare una pausa di un minuto. Si ripete finché non si riceve risposta.
Risposta: entro un minuto viene dato **per tre volte**, a intervalli regolari, un segno visibile o udibile.

ALAGNA VALSESIA

Comune (B 6), Prov. di Vercelli, abitanti: 432, altezza s.l.m.: 1191 m, CAP: 13021. **Informazioni:** Pro Loco di Alagna Valsesia. **Stazione ferroviaria:** Varallo (km 35). **Impianti di risalita:** funivia, seggiovia, skilift.

Alagna Valsesia, perla turistica dell'alto vercellese, sorge ai piedi del M. Rosa. L'abitato si estende nel fondovalle percorso dal Sesia ed attraversato dalla statale n. 299 «di Alagna». Centro alpinistico di fama internazionale, costituisce uno dei punti di partenza ideali per escursioni nel massiccio del Rosa. Una attrezzata rete di impianti di risalita ed una fitta maglia di rifugi e bivacchi, costituiscono validi supporti per chi desideri trascorrere le vacanze facendo del serio alpinismo, nonché per tutti gli appassionati di sentieristica e del più modesto escursionismo in genere. Splendida località di soggiorno climatico in ogni stagione dell'anno, vede crescere sempre più il suo prestigio turistico, che le deriva dalla giusta fama che si è guadagnata quale stazione di sport invernali. L'ambientamento felice nel contesto alpino, un'invidiabile posizione geografica, ed un intatto habitat naturale costituiscono elementi da non sottovalutare per chi desideri ritemprarsi lontano dagli stress della vita quotidiana. La popolazione locale, come quella delle vicine convalli, discende dagli antichi coloni vallesani emigrati nei luoghi verso il 1200. Tracce di quelle antiche migrazioni sono riscontrabili nella parlata locale che si esprime nel dialetto Walser (dalle notevoli affinità con la lingua tedesca), e nella grafia di molti toponimi. Lo sviluppo della valle si ebbe nel XVI secolo allorché furono scoperte le discrete potenzialità aurifere della zona (oggi esaurite o troppo costose per potere essere convenientemente sfruttate). Verso la metà dello scorso secolo la località acquisì fama alpinistica in conseguenza delle prime ascese sul massiccio del Rosa. Alagna è la patria dei fratelli D'Enrico, noti artisti nel campo della scultura e pittura (XVI sec.).

Curiosità del luogo e dintorni
La **chiesa parrocchiale** (XVI sec.), edificio dalle sembianze tardo-gotiche; è dedicato a S. Giovanni Battista, subì ristrutturazioni agli arredi interni nel periodo barocco. Vi sono custoditi interessanti opere d'arte tra le quali si distinguono alcune statue di Giovanni D'Enrico. I resti dell'antico castello presso la **casa Steiner**. A Pedemonte il **Museo Walser**, museo etnografico allestito in una casa contadina del 1628.

Passeggiate ed escursioni
A Rima, 1411 m, seguendo il Sentiero Walser per il Colle Mud, 2324 m, si discende per la Valmontasca, ore 6 circa. A S. Giuseppe, 1113 m, sentiero per S. Nicolao, A. Campo, Bocchetta di Moanda, 2422 m, A. Balma, A. la Piana donde si discende per la Valle Nonal, ore 6 circa. Al Pizzo Montevecchio, 2625 m, sentiero da S. Antonio per l'Alpe Jazza, Colle Piglimò, 2485 m, Lavazei, da dove si guadagna la méta costeggiando il lago del Toro, ore 8 circa. Alla Bocchetta delle Pisse, 2396 m, sentiero da Alagna per l'Alpe Stofful, si passa attorno al Corno d'Olen ed il lago del Corno, ore 3.30 circa. Escursione a Gressoney-la-Trinité, 1624 m, attraverso il Col d'Olen, 2881 m, ore 9 complessive circa passando per il Dosso, si tocca il Rif. Città di Mortara, si prosegue oltre l'A. Pianalunga raggiungendo il Col d'Olen (nei paraggi il Rif. Città di Vigevano e il Rif. Guglielmina) e scendendo per il Rif. del Lys, da P. Jolanda fino alla méta. Ai laghi Tailly, si segue il sentiero in Val d'Otro per Resiga, A. Tailly, ore 3.30 circa. A Borca di Macugnaga, 1195 m, seguendo il Sentiero Walser per l'A. Jazza sup. e l'A. Faller, si prosegue oltre il Colle del Turlo, 2738 m, scendendo in Val Quarazza (sulla destra il Biv. Lanti) e toccando l'A. Schena, la Piana, la Città Morta, Quarazza, donde alla méta in ore 8 complessive circa. Ai numerosi rifugi e bivacchi della zona (vedi sotto i rispettivi).

ANTRONA-SCHIERANCO

Comune (D 2), Prov. di Verbania, abitanti: 644, altezza s.l.m.: 600/3656 m, CAP: 28030. **Informazioni:** Municipio di Antrona Schieranco. **Stazione ferroviaria:** Villadossola (km 16).

Il Comune sparso di Antrona-Schieranco è situato presso la testata della valle di Antrona, bagnata dal torrente Ovesca. Il capoluogo di Antronapiana sorge alla confluenza di quest'ultimo con il torrente Loranco, proveniente dall'omonima valle. La località è circondata da un'imponente cerchia montuosa che culmina nei rilievi che dividono l'Italia dalla Svizzera. I dintorni, di raro effetto scenico sono punteggiati da laghi e laghetti, molti dei quali utilizzati per la produzione di energia elettrica. Pastorizia e artigianato costituiscono le note caratterizzanti di un'economia locale che non ha ancora conosciuto grandi sviluppi turistici e che, proprio per questo, ha conservate intatte certe prerogative ambientali. Per la salubrità dell'aria ed un clima favorevole, è indicata località di villeggiatura estiva; i dintorni offrono svariate possibilità escursionistiche.

Curiosità del luogo e dintorni
La **parrocchiale** di Antronapiana, custodisce al suo interno interessanti testimonianze artistiche. Il **lago di Antrona**, si formò il 27 luglio 1642 in conseguenza di una frana dalla soprastante Cima di Pozzuoli. Le sue acque nascondono le rovine dell'antico nucleo abitato, devastato dalla frana che provocò numerose vittime.

Passeggiate ed escursioni
Escursione circolare da Antronapiana per l'Alpe Cimallegra, A. Ronco passando sotto la Cima di Pozzuoli in vista del lago di Antrona, si prosegue per l'A. Cravarossa (veduta verso il lago di Camplicciolì), si risale per A. Banella, l'A. Loraccio, Lago di Camposecco, da dove si risalgono le Coronette di Camposecco (2697 m) iniziando la discesa in direzione del Bivacco Città di Varese e del Rif. Andolla, dal quale si discende all'A. Comasco proseguendo per A. Campolamana, A. Ronchelli, A. del Gabbio, si costeggia il bacino A. dei Cavalli donde si raggiunge il Rif. Città di Novara, da dove si rientra ad Antronapiana (volendo, anche in auto). Per percorrere interamente questo itinerario sono necessarie circa 10/12 ore (possibilità di sosta ai rifugi). A Saas Almagell, 1673 m, in Svizzera sentiero da Antronapiana per Baite, si costeggia il lato orientale del lago di Camplicciolì, si prosegue per l'A. Casaravera, A. Sasson, A. Saler, A. Cingino, donde si risale per l'A. Corone, si oltrepassa il Passo di Antrona, 2838 m, da dove si può discendere a Saas Almagell per la Furggtälli, ore 9 complessive circa. Escursione circolare da Antronapiana per Baite, A. Larticcio, P.so di Trivera, 2313 m, laghi di Trivera, A. Trivera, Locasca donde si rientra per il sentiero sopra Rovesca, ore 8/9 circa. Escursione circolare da Prabernardo (fin lì anche in auto) per il Vallone di Trivera, A. Mottone, P.so Cianghin, 2218 m, A. Lavazzero, P.so di Valaverta, 2558 m (possibilità di raggiungere il Pizzo S. Martino, 2733 m) da dove si discende all'A. Lareccio donde si ritorna ad Antronapiana per A. Larcìero proseguendo per il sentiero lungo la sponda orientale del lago di Camplicciolì, Baite, ore 12 complessive circa.

BALMUCCIA
Comune (D 7), Prov. di Vercelli, abitanti: 117, altezza s.l.m.: 560 m, CAP: 13020. **Informazioni:** Municipio di Balmuccia. **Stazione ferroviaria:** Varallo (km 10).

L'abitato di Balmuccia è situato alla congiunzione delle Valli Sesia e Sermenza, in posizione rilevata rispetto alla confluenza tra i due corsi d'acqua. La località, pur non presentando spiccate caratterizzazioni turistiche, può costituire un valido punto di partenza per interessanti passeggiate ed escursioni nei dintorni, che presentano significativi spunti paesaggistici.

Passeggiate ed escursioni
Escursione circolare per Otra di Balmuccia, Ca d'Otra, da dove, attraversando nuovamente il Sesia, si raggiunge Scopetta da dove si risale per Susene, mantenendosi sotto la P.ta di Terruggia per l'A. Moglia da dove si rientra in ore 4.30 circa. A Boccioleto, 667 m, sentiero per la Cima Selvetto, 1186 m, ore 3 circa. Al

M. Ventolaro, 1835 m, sentiero per Otra di Balmuccia, Ca d'Otra, Scopetta, Susene, Sella, Sasselli del Vento, A. Ticcarello, Giavine, A. Scott, ore 5 circa.

BANNIO ANZINO

Comune (D 4), Prov. di Verbania, abitanti: 620, altezza s.l.m.: 502/2653 m; CAP: 28032. **Informazioni:** Municipio di Bannio Anzino. **Stazione ferroviaria:** Piedimulera (km 12).

Il Comune sparso di Bannio Anzino è situato in felice posizione geografica alla confluenza dei torrenti Anza ed Olocchia; i due nuclei principali sorgono, uno di fronte all'altro, sugli opposti versanti orografici della valle percorsa dal torrente Olocchia. La località ha discreta rilevanza artistica e costituisce un'interessante base di partenza per piacevoli escursioni e camminate nei dintorni.

Curiosità del luogo e dintorni
La **chiesa parrocchiale**, dedicata a S.Bartolomeo, contiene interessanti affreschi e una scultura bronzea fiamminga del 1500 circa; l'intero edificio fu ristrutturato nel XVII secolo. La **cappella della Madonna della Neve** (XVII sec.), la si raggiunge agevolmente lungo una stradina punteggiata dalle stazioni della Via Crucis. Vi si svolge annualmente la parata della «Milizia Tradizionale», sfilata con divise risalenti al Seicento.

Passeggiate ed escursioni
Alla Madonna del Sassello, 951 m, sentiero da Pontegrande in ore 1. Al Colle Baranca, 1818 m, dalla frazione Fontane, ore 3, oppure per l'alpe Provaccio, Rausa e Ancium, ore 5. Al Colle Dorchetta, 1818 m, dalla frazione Parcineto, ore 3.30. Al Monte Scarpignano, 2267 m, da Anzino per Rodirenco e la valle Rosenza, ore 5.

BOCCIOLETO

Comune (D 7), Prov. di Vercelli, abitanti: 339, altezza s.l.m.: 667 m, CAP: 13022. **Informazionei:** Municipio di Boccioleto. **Stazione ferroviaria:** Varallo (km 13).

L'abitato di Boccioleto è situato in Valle Sermenza, non lungi dalla confluenza tra quest'ultimo torrente ed il Cavaglione. La località, interessante sotto il profilo artistico, è buona base di partenza per escursioni e passeggiate di un certo pregio.

Curiosità del luogo e dintorni
Le **abitazioni**, dal caratteristico stile architettonico comune a tutta la Val Sesia. La **chiesa parrocchiale**, racchiude interessanti opere d'arte (tele, dipinti e sculture). La **chiesa dell'Annunciata** (sculture in legno del 1300). La **cappella dei Santi Quirico e Giuditta**, ospita interessanti affreschi. La **chiesetta di S. Lorenzo** presso l'Alpe Seccio, sorse verisimilmente nel XV sec. al tempo delle pestilenze, raccoglie significativi affreschi. La **cappella della Madonna di Loreto** presenta affreschi del XVI sec.; è situata lungo il sentiero per Oro. Sempre in quest'ultima località si distinguono la **cappella della Madonna** in stile barocco e la **cappella di S. Pantaleone** (quest'ultima presenta affreschi della scuola lombarda, XV sec.).

Passeggiate ed escursioni
All'Alpe Secchio, 1388 m (nei paraggi la chiesetta di S. Lorenzo, sentiero per Ormezzano, Selletto, Rivetto, ore 2 circa. A Balmuccia, 560 m, sentiero per Casetti, Tra dell'Asino, A. Lunetto, donde si discende in ore 3 circa. Al Pzzo Tracciora di Cervatto, 1917 m, sentiero per l'Oro, Rossa, Rainero, A. Moglie, Balmagina donde

si risale poco prima della Madonna del Sasso in ore 4 circa. A Rimasco, 906 m, sentiero per Ormezzano, Prà d'Ometto donde si discende per risalire poi verso Cuccia e Pisse, si tocca Montù raggiungendo la méta in ore 6 circa.

CAMPERTOGNO

Comune (C 7/8), Prov. di Vercelli, abitanti: 234, altezza s.l.m.: 827 m, CAP: 13023. **Informazioni:** Municipio di Campertogno. **Stazione ferroviaria:** Varallo (km 24).

L'abitato di Campertogno è situato in Val Grande (porzione superiore della Valsesia), tra le confluenze del torrente Artogno e del torrente Sorba nel Sesia. La località, dalle pregevoli caratterizzazioni artistiche, è anche una buona base di partenza per interessanti escursioni nei dintorni.

Curiosità del luogo e dintorni

La **chiesa parrocchiale**, dedicata a S.Giacomo costituisce una delle perle artistiche dell'intera Valsesia. Venne edificata agli inizi del XVIII sec. sulle fondamenta di un preesistente edificio religioso del quale è rimasto il campanile (XVI sec.). L'interno presenta interessantissime opere d'arte; si distinguono in particolare alcuni affreschi, sculture, intagli e mobili dell'epoca. Vicino alla chiesa, di notevole interesse, il **museo parrocchiale**. La **chiesa di S. Carlo**, dalle sembianze gotiche, racchiude un interessante altare lavorato. La **chiesetta di S. Marta** dai pregevoli affreschi e dipinti. Il **santuario della Madonna del Callone**, poco fuori dell'abitato, presenta una facciata riccamente affrescata.

Passeggiate ed escursioni

Alla Madonna del Callone, sentiero oltre Tetti, 45 min. circa. Al P.so di Vasnera, 1933 m, sentiero che ripercorre parzialmente l'itinerario precedente proseguendo per Cangello, Campo dei Frei, A. Vasnera, donde all'omonimo passo, ore 4 circa. Al Biv. CAI, presso l'Alpe Campo (vedi ivi) proseguendo oltre l'Alpe Vasnera (fin lì vedi l'itinerario precedente) per A. Costiole, Sivella, 2523 m, ore 6,30 circa. Escursione circolare per Traversagno, Piano dell'Erba, Colma di Campertogno, Oraccio, A. Vocani, la Preisa, le Bonde, Piana, ore 5.30 complessive circa. A Boccioleto, 667 m, sentiero per Sellettino, Sella, Colma di Campertogno, Chiappa, Scalva, in Leu, Piana, Ca d'Anselmi, ore 6 circa. A Molla, 880 m, sentiero per Baraggia, S. Gerolamo, Goreto, ore 2.30. Al Becco Guarda, 1817 m, sentiero per Tetti, Madonna del Callone, A. Vallon, Vallon della Sella donde alla vetta, ore 3.30 circa

CARCOFORO

Comune (C 5), Prov. di Vercelli, abitanti: 80, altezza s.l.m.: 1304 m, CAP: 13026. **Informazioni:** Municipio di Carcoforo. **Stazione ferroviaria:** Varallo (km 27). **Impianti di risalita:** skilift.

Il villaggio alpino di Carcoforo sorge nell'alta Val d'Egua in un significativo contesto paesaggistico. Ideale luogo per soggiorni estivi, la località consente anche la pratica di una discreta attività sciistica durante il periodo invernale. La salubre aria di mezza montagna ed i dintorni di rara bellezza, contornati da verdi pascoli e fitti boschi, invitano a riposanti ferie in un villaggio che è base di partenza invidiabile per serene e distensive escursioni a contatto con la natura.

Passeggiate ed escursioni

A Pestarena di Macugnaga, 1075 m, sentiero per A. Passone, Piscie Belle, P.so d. Moriana, 2449 m, A. Moriana, Alpetto, ore 6.30 circa. A Ceppo Morelli, 753 m, sentiero per A. Passone, Busacca del Passone, P.so di Tignaga, 2472 m, Corte di sopra, Piana di Ceppo Morelli, ore 6 complessive circa. A Bannio, 669 m, sentiero per il Rif. Boffalora (vedi ivi), si prosegue per Sellette, C. le d'Egua, 2239 m, A. Selle, la Rusa, Casone, Pianezzo, Soi di fuori, Piana, Fontane, ore 7 complessive circa. A Fobello, 873 m, sentiero per il Rif. Boffalora, A. Sellette, Bocchetta di Striengo, 2347 m, A. Addiaccio, A. Piane, A. del Cortese, Bocchetta del Cortese, 1982 m, A. Sasso S. Giovanni, A. Gerbidi, Roi, ore 8 circa. A Rima, 1411 m, in Valle Sermenza, si segue il Sentiero Walser per Trasinera Bella, Colle del Termo, 2531 m, A. Chiaffera, ore 5.30 circa. A Borca di Macugnaga, 1195 m, sentiero per le Coste, Giovanchera sulla Selva, Busacca del Badile, Passo della Miniera, 2535 m, si prosegue lungo il sentiero Genoni per A. Quarazzola, Val Quarazza, ore 7 circa.

CEPPO MORELLI

Comune (C 4), Prov. di Verbania, abitanti: 469, altezza s.l.m.: 753 m, CAP: 28030. **Informazioni:** Municipio di Ceppo Morelli. **Stazione ferroviaria:** Piedimulera (km 17).

La località di Ceppo Morelli sorge in Valle Anzasca, qualche chilometro prima dell'abitato di Macugnaga. Turisticamente sacrificato dalla vicinanza di quest'ultima località, è pur tuttavia una base di partenza per escursioni nei dintorni, che offrono spunti di notevole interesse paesaggistico ed ambientale.

Passeggiate ed escursioni

All'A. l'Agare, sentiero da Borgone, ore 2 circa. Al Passo di Tignana, 2472 m, sentiero per Piana di Ceppo Morelli, Corte di sopra, ore 5.30. Escursione circolare per la Piana di Ceppo Morelli, Corte di sotto, C. Nuova, Cascinone, A. Girareccio, A. Laveggio, Piana di Borgone, si ritorna al punto di partenza lungo il sentiero che scorre alla destra idrografica del torrente Anza, ore 6.30 complessive circa. Al P.so Mondelli, 2832 m, sentiero da Prequartera per Mondelli, A. Cortevecchia, Predenon, ore 6 circa. A Carcoforo, 1304 m, per il P.so di Tignaga, 2472 m, donde si scende per Busacca del Passone, A. Passone, ore 8 circa.

CERVATTO

Comune (D 6), Prov. di Vercelli, abitanti: 51, altezza s.l.m.: 1004 m, CAP: 13025. **Informazioni:** Municipio di Cervatto. **Stazione ferroviaria:** Varallo (km 19). **Impianti di risalita:** skilift.

Il piccolo nucleo di Cervatto sorge in posizione elevata sulla Val Mastallone. La località presenta un notevole interesse sotto il profilo paesaggistico ed ambientale; priva di vere e proprie attrattive turistiche, consente la pratica dell'escursionismo e degli sport invernali, grazie a specifiche infrastrutture di servizio.

Passeggiate ed escursioni

Alla Madonna del Balmone, 1373 m, sentiero per Giavina, Tappomaccio, ore 1 circa. Al P.zo Tracciora di Cervatto, 1917 m, sentiero per Giavina, A. Piana, A. Orello, ore 3.30 circa. A Rossa, 813 m, sentiero per Oro Negro, A. Casone, Oro dell'Asino, 1661 m, A. Orello, A. Campello, Selletto, Piana, da dove alla méta, ore 4.30 circa. Escursione circolare per Giavina, Tapponaccio, Madonna del Balmone, Colle d. Finestra, 1915 m, A. Rianuova, A. Gerbidi, A. Gumietto, Roi, Fobello, Torno, ore 5 complessive circa.

FOBELLO

Comune (D 6), Prov. di Vercelli, abitanti: 310, altezza s.l.m.: 873 m, CAP: 13025. **Informazioni:** Municipio di Fobello. **Stazione ferroviaria:** Varallo (km 18). **Impianti di risalita:** skilift.

L'abitato di Fobello si estende ai lati del torrente Mastallone, nell'omonima valle, circondato da rilievi ricchi di vegetazione. Il toponimo pare derivare da una forma dialettale locale che indica appunto la ricchezza di faggete nei dintorni. Tranquilla stazione climatica e di villeggiatura estiva, consente l'attività escursionistica, mentre d'inverno una sciovia permette agli appassionati dello sci la pratica della disciplina preferita. La località presenta caratterizzazioni artistiche di un certo pregio.

Curiosità del luogo e dintorni
Il **campanile**, resto di una preesistente parrocchiale (XVI sec.) dedicata a S.Giacomo e devastata da un'inondazione del torrente Mastallone verso la fine del XVIII secolo. Il successivo impianto religioso subì la medesima sorte. L'attuale edificio è del 1931; al suo interno si osservano opere di un certo valore. La vicina **chiesa della Madonna**, presenta un dipinto di notevole interesse (XVI sec.). La **cappella di S. Giuseppe**, dalla facciata ricca di affreschi. Le **cappelle della Via Crucis**, recanti scene affrescate della Passione.

Passeggiate ed escursioni
Ad Anzino in Valle Anzasca, sentiero per Campelli, Belvedere, 1546 m, A. Fauto, Colle Dorchetta, 1818 m, A. Pizzone, A. Gabi donde alla méta in ore 6 circa. A Carcoforo, 1304 m, sentiero per Roi, A. Gumietto, A. Gerbidi, A. Sasso S.Giovanni, Bocchetta del Cortese, 1982 m, A. del Cortese, A. Piane sup., A. Addiaccio, Bocchetta di Striengo, 2347 m, A. Sellette, Rif. Boffalora donde si giunge alla méta in ore 9 circa. Escursione circolare per Roi, A. Gumietto, A. Gerbidi, A. Rianuova, Colle d. Finestra, 1951 m, Madonna del Balmone, Tapponaccio, Giavina, Cervatto, donde si rientra per Torno in ore 6 circa. Al lago di Baranca, 1839 m, sentiero per l'Alpe Baranca (dalla fine della strada di fondovalle; fin lì anche in auto), ore 3 circa.

GABY

Comune (B 9), Regione Autonoma della Valle d'Aosta, abitanti: 507, altezza s.l.m.: 1047 m, CAP: 11020. **Informazioni:** Municipio di Gaby. **Stazione ferroviaria:** Pont St. Martin (km 17).

Già denominata anticamente Issime-Saint-Michel, Gaby è Comune autonomo dal 1952. Adagiato su estesi prativi alla sinistra orografica della Valle di Gressoney, è circondato da boschi di conifere ed alte vette. Privo di infrastrutture specifiche per la pratica degli sport invernali, è tuttavia apprezzata e ricercata stazione climatica e di soggiorno estivo. La felice posizione geografica, il clima mite e secco, costituiscono elementi a favore della piccola località valdostana, che offre svariate possibilità escursionistiche agli appassionati della montagna in un salubre ambiente alpino. Già appartenente al Comune di Issime, fu in passato feudo dei Vallaise.

Curiosità del luogo e dintorni
Le **cascate di Niel**, sono situate sotto l'omonimo abitato, a monte di Gaby. La **chiesa parrocchiale**, dedicata a S.Michele, fu ristrutturata nella prima metà del XIX secolo; conserva interessanti affreschi.

Passeggiate ed escursioni
Alle cascate di Niel, sentiero per Chanton e Niel, ore 1.30 circa. Al Rif. A. Rivetti, sentiero per Niel, Colle della Mologna Piccola, 2205 m, A. Anval, A. Pianel, ore 6 circa. Al lago di Zuckie, 2313 m, sentiero per Niel, le Peiri, Gr. Lazoney, Zuckie, ore 4.30 circa. Traversata a Riva Valdobbia in Val Sesia, sentiero per Niel, Colle Loozeney, 2395 m, P.so del Maccagno, 2495 m, lago Nero, A. Camino, Pioda di

sopra, Buzzo, Montata, Peccia, si discende lungo la Val Vogna per S.Antonio e la Madonna delle Pose, ore 9/10 complessive circa. Alla P.ta Tre Vescovi, 2501 m, sentiero per Niel, Riddel, Gr. Lazoney, Zuckie, Colle della Mologna Grande, 2364 m, donde alla vetta, ore 4.30 circa.

GRESSONEY-LA-TRINITÉ

Comune (A 7), Regione Autonoma della Valle d'Aosta, abitanti: 275, altezza s.l.m.: 1637 m, CAP: 11020. **Informazioni:** I.A.T. Ufficio Informazione Accoglienza Turistica, Gressoney-la-Trinité. **Stazione ferroviaria:** Pont St.Martin (km 32). **Impianti di risalita:** funivia, seggiovie, skilift.

La Valle di Gressoney è definita quale «valle trilingue del M. Rosa» per la coesistenza dei diversi idiomi che vedono la prevalenza del linguaggio Walser, sorta di dialetto tedesco parlato esclusivamente in questa porzione della Vallée e che coesiste con il tradizionale Patois valdostano cui si affianca, anche se in minor misura, l'italiano. Il capoluogo di Gressoney-la-Trinité sorge nel fondovalle del Lys, non molto distante dalla testata fortemente glacializzata del M. Rosa. Per la sua felice posizione geografica nell'alta valle è considerato ideale base di partenza per escursioni e ascensioni nella zona del M. Rosa. L'ottima dotazione di infrastrutture turistiche qualifica la località come uno dei principali centri per la pratica degli sport invernali. I dintorni, di raro effetto paesaggistico, invogliano a piacevoli e remunerative passeggiate lungo itinerari accuratamente segnalati. Per il suo clima asciutto e salubre è indicata località per soggiorni in ogni periodo dell'anno. Il sensibile sviluppo turistico ha indotto anche una crescita edilizia che si evidenzia con nuove costruzioni e residence, sorti un po' ovunque accanto alle tipiche dimore rurali della vallata. In passato si cercò, senza troppo successo, di sfruttare presunti giacimenti auriferi nella zona; in età feudale fu appannaggio del vescovado di Sion, degli Challant e dei Vallaise.

Curiosità del luogo e dintorni

La **parrocchiale**, citata in atti del XVII secolo, fu riedificata sugli impianti di un preesistente edificio, religioso.

Passeggiate ed escursioni

Al lago del Gabiet, nei pressi il Rifugio omonimo, passando per l'Alpe Gruebe, ore 3 circa. Alla Punta Jolanda, 2240 m, in seggiovia o per sentiero, ore 2 circa. Alla Punta Stolemberg, 3202 m, sentiero da Orsiò per Bédemie, Gabiet, Col d'Olen, 2881 m, si risale la cresta oltre il P.so dei Salati, 2936 m, ore 5/6 ca. Ai laghetti di Nétschò nell'omonimo vallone, nei pressi il Biv. Gastaldi, ore 3 circa. Alla Testa Grigia, 3315 m, sentiero per il Biv. Ulrich Lateltin, ore 5. A Champoluc in Valle d'Ayas, per il Col di Pinter, 2777 m, ore 8 complessive circa.

GRESSONEY-ST.-JEAN

Comune (A 8), Regione Autonoma della Valle d'Aosta, abitanti: 800, altezza s.l.m.: 1637 m, CAP: 11025. **Informazioni:** Azienda di Promozione Turistica, Gressoney-St.-Jean. **Stazione ferroviaria:** Pont St.Martin (km 26). **Impianti di risalita:** seggiovia, skilift.

Gressoney-St.-Jean sorge nella parte alta dell'omonima valle, sulla strada che conduce all'importante centro turistico di Gressoney-la-Trinité. L'abitato sorge alla destra idrografica del torrente Lys, nel fondovalle cui fa da sfondo l'imponente edificio orografico del M. Rosa. La località è importante centro residenziale con una discreta infrastruttura per la pratica degli sport invernali. I dintorni, di raro effetto scenico, invitano a corroboranti escursioni in un sano ambiente di montagna. Storicamente Gressoney-St.-Jean divise le sue sorti con la vicina Gressoney-la-Trinité; nel vicino castello Savoia soggiornò per un periodo la regina Margherita.

Curiosità del luogo e dintorni

Il **castello Savoia** costruito agli inizi del secolo. **Villa Margherita**, ex residenza dei Baroni Beck-Peccoz ed ora sede del Comune, edificata alla fine del 1800, ospitò la Regina Margherita prima che venisse costruito Castel Savoia.

Passeggiate ed escursioni

A Brusson, sentiero per il Passo Valnera, 2676 m, A. Palasina, Lavassey, ore 7 (vedi anche carta turistica KOMPASS n. 87 «Breuil-Cervinia-Zermatt»). Escursione circolare per Onderwald, A. Gruebe, P.so di Bocchetta, 2526 m, Chanlossere, A. Palasina, Passo di Valnera, dal quale si rientra in ore 7 circa. Al lago della Battaglia per il Passo di Valnera, ore 6 circa. Al Castello Savoia, 30 min. (anche in auto). A Gressoney-la-Trinité lungo il sentiero Walser, ore 1.15. Traversata a Riva Valdobbia, 1112 m (Val Grande) sentiero per l'A. Cialfrezzo, Colle Valdobbia, 2480 m (nei pressi il Rif. Osp. Sottile, vedi ivi), si scende per Valdobbia, A. Larecchio, Montata, S. Antonio, Cà di Janzo, Madonna d. Pose, ore 7/8 complessive circa. Al lago Nero, sentiero per Ob Triscte, Valdobbia di sotto, P.so dell'Alpetta, 2774 m, si raggiunge la méta costeggiando il lago Bianco, ore 4.30 circa. Al Corno Rosso, 2979 m, sentiero da Bielciucken (fin lì anche in auto) per A. Stadely, A. Cialfrezzo di sotto, A. Brunnen, ore 6 circa. Escursione circolare da Onderwald per A. Boschonel, A. Ranzola, C.le della Ranzola, 2170 m, Chancharlech, A. del Lago, lago di Frudiere, Forca, Cialvrinò, Ronke, Biel, ore 6/7 circa. Il Walserweg (Sent. Walser) da Gressoney-La-Trinité a Tschlalurino, ore 4.

MACUGNAGA

Comune (C 4), Prov. di Verbania, abitanti: 700, altezza s.l.m.: 945/4634 m, CAP: 28030. **Informazioni:** I.A.T.-Informazioni Accoglienza Turistica, Macugnaga. **Stazione ferroviaria:** Piedimulera (km 27). **Impianti di risalita:** funivia, seggiovia, skilift.

Il Comune sparso di Macugnaga si estende con le sue frazioni nell'alta Valle Anzasca, non lungi dalla testata della valle che, comprendendo il versante orientale del M. Rosa, presenta ripide e strapiombanti pareti di roccia e ghiaccio. Rinomata stazione turistica, è un'ideale località per soggiorni climatici in ogni stagione dell'anno; una discreta infrastruttura di servizio garantisce la pratica dei più diffusi sport della neve. Macugnaga sorge in un invidiabile contesto ambientale e paesaggistico, una più che sufficiente rete di rifugi e bivacchi consente qualsiasi tipo di escursione nel massiccio del M. Rosa. Per chi preferisca le normali camminate all'escursionismo di tipo alpinistico, è possibile effettuare un'infinita varietà di interessantissime gite nei dintorni. Anche a Macugnaga si trovano i discendenti degli antichi coloni Vallesani emigrati dalla vicina Svizzera nel XIII secolo. Gran parte della zona è intimamente permeata dagli usi, dai costumi e dalle caratteristiche architettoniche dell'antico popolo Walser.

Curiosità del luogo e dintorni

La **chiesa vecchia**, presso l'omonimo nucleo abitato, è un edificio del 1200, ristrutturato nel XVI sec. Il contiguo **cimitero** accoglie i resti delle vittime del M.Rosa. La **parrocchiale** di Staffa, risale al XVIII secolo; accoglie dipinti, preziosi intagli e sculture. I **musei** di Borca e di Staffa, raccolgono cimeli e testimonianze della cultura Walser. Accanto al Dorf vi è un tiglio plurisecolare (la tradizione lo vuol far risalire al XIII sec.) sotto il quale, nei secoli passati, si amministravano legge ed interessi della comunità. La **miniera aurifera della Guia,** con visite guidate.

Passeggiate ed escursioni
Traversata a Saas Almagell, 1673 m, lungo l'antico itinerario del P.so di M. Moro. Sentiero da Staffa per il Rif. Oberto Gaspare, P.so di M. Moro, 2868 m, donde si discende per la Saastal costeggiando la riva sinistra del bacino di Mattmark, si prosegue per Zer Maiggeru raggiungendo la méta in ore 7/8 circa. Al lago delle Loccie, 2209 m, sentiero da Pecetto per A. Rosareccio, Piani Alti, si tocca il Rif. Zamboni Zappa, ore 3 circa. All'A. Schena, 1981 m, sentiero da Ronco per A. Bletza, ore 2.15 circa. A Carcoforo in Val d'Egua, sentiero da Pestarena per Alpetto, A. Moriana, P.so della Moriana, 2449 m, Piscie Belle, Busacca del Passone donde alla méta, ore 8 circa. A Carcoforo, sentiero da Borca, Lago delle Fate, si imbocca il sentiero Genoni oltre la Città Morta, dopo il Colle delle Pisse, 2535 m, si discende per Busacca del Badile, Giovanchera sulla Selva, le Coste, ore 7 circa. Ad Alagna Valsesia, 1190 m, si segue il Sentiero Walser in Val Quarazza oltrepassando il Colle del Turlo, 2738 m, si discende per A. Grafenboden, A. Faller, donde si prende il sentiero più breve per la strada di fondovalle fino ad Alagna in ore 8 complessive circa. All'A. Meccia, 1807 m, mulattiera da Staffa, ore 1.45 circa. Al Biv. Alpe Hinderbalmo, sentiero da Pecetto per A. Hinderbalmo, ore 2 circa. Ai numerosi rifugi della zona (vedi sotto i rispettivi).

MOLLIA

Comune (C 7), Prov. di Vercelli, abitanti: 110, altezza s.l.m.: 880 m, CAP: 13020. **Informazioni:** Municipio di Molla. **Stazione ferroviaria:** Varallo (km 26).

L'abitato di Mollia è situato nella stretta della Val Grande, tra Riva Valdobbia e Campertogno, ove il corso del Sesia piega bruscamente verso sud-est. Per la particolare posizione geografica, ai piedi di ripidi, scoscesi pendii, la località è stata spesso flagellata dalla piaga delle valanghe. Pur non costituendo una specifica e distinta méta turistica, Mollia è tuttavia una buona base di partenza per interessanti passeggiate ed escursioni.

Curiosità del luogo e dintorni
La **chiesa parrocchiale** è dedicata a S.Giovanni Battista; sul porticato della medesima spicca una singolare Via Crucis affrescatavi nella seconda metà del XVIII secolo.

Passeggiate ed escursioni
A Rimasco, 906 m, sentiero per la Cappella Pianello, Ortigosa, A. Piode Nere, C. le Finestrolo, 1919 m, donde si scende per A. Chignola, Balma, Oro di Munca, ore 5.30 circa. A Scopello, 659 m, sentiero per Goreto, Traversagno, Piano dell'Erba, Colma di Campertogno, Balma, Casarolo, A. Moliana, ore 6/7 circa. Alla Punta Massarei, 2061 m, sentiero da Piana Fontana per Ortigosa, A. Piode Nere, ore 3.30 circa. A Boccioleto, 667 m, sentiero per Cappella Pianello, Taragno, Bocchetta Bià, 2064 m, Madonna del Sasso, Palancato, ore 5.30 circa.

PILA

Comune (D 8), Prov. di Vercelli, abitanti: 114, altezza s.l.m.: 686 m, CAP: 13020. **Informazioni:** Municipio di Pila. **Stazione ferroviaria:** Varallo (km 18). **Impianti di risalita:** seggiovia, skilift.

L'abitato di Pila è situato in Val Grande ed è sovrastato dalla mole del M. Ventolaro, 1835 m. La località costituisce una buona base di partenza per escursioni nei dintorni. A monte di Pila, sul versante orografico destro della Val Grande, sta conoscendo un discreto sviluppo la stazione sciistica invernale dell'Alpe

Mera, 1503 m, ove una valida infrastruttura specifica consente la pratica dei più diffusi sport della neve.

Passeggiate ed escursioni
All'Alpe di Mera, 1503 m, sentiero per A. della Piana, A. Fontanello, Pian Rastôo, ore 3 circa. Alla Cima delle Balme, 1930 m, sentiero per Micciolo, Mosso, Casarolo donde si risale per poi piegare a sinistra, si raggiunge la méta in ore 4 circa.

PIODE
Comune (C 8), Prov. di Vercelli, abitanti: 201, altezza s.l.m.: 752 m, CAP: 13020. **Informazioni:** Municipio di Piode. **Stazione ferroviaria:** Varallo (km 20).

Il nucleo di Piode sorge alla sinistra idrografica del Sesia, poco a valle della confluenza con il Torrente Sorba. Il toponimo sembra derivare dalle lastre scistose, così denominate e che servivano alla copertura dei tetti dopo essere state estratte dalle numerose cave della zona. La località presenta spiccate vocazioni di carattere turistico.

Curiosità del luogo e dintorni
La **parrocchiale** (XVIII sec.), è dedicata a S. Stefano e racchiude pregevoli opere d'arte.

Passeggiate ed escursioni
A Campertogno, 827 m, sentiero per Pian del Montone, Piano del Ronco, le Bonde, S. Lorenzo, Piana, Villa, ore 5 circa. All'Alpe Meggiana, sentiero per le Pietre Grosse, A. Magonere, Pra Polla, A. Rontajolo, A. Ovago di sotto, ore 2.30 circa. A Rassa, 947 m, sentiero per la Frua, il Pizzo, A. Pianone, Goreto, ore 4.30 circa.

RASSA
Comune (C 8), Prov. di Vercelli, abitanti: 82, altezza s.l.m.: 917 m, CAP: 13020. **Informazioni:** Pro Loco di Rassa. **Stazione ferroviaria:** Varallo (km 25).

Il piccolo paese di Rassa è situato in Val Sorba nei pressi della confluenza tra quest'ultimo ed il torrente Gronda. Per la sua particolare posizione geografica è una buona base di partenza per interessanti escursioni nei dintorni. La località, pur non presentando particolari motivazioni di carattere turistico, si distingue per il carattere singolare delle tipiche dimore rurali valsesiane in legno.

Curiosità del luogo e dintorni
La **chiesa parrocchiale,** ospita interessanti affreschi e dipinti, nonché un Crocifisso del XV sec.

Passeggiate ed escursioni
Escursione circolare per S. Nicolao, Piana, A. Sassolenda, A. Laghetto, lago di Scarpia, Bocchetta Canal Rossone, Campo, Stuva, Concren, Fontana donde si rientra in ore 7 circa. All'Alpe il Toso, 1649 m (nei paraggi esiste un Ricovero del CAI, vedi ivi), sentiero in Val Sorba per l'omonima alpe ed Alpe il Dosso, ore 2 circa. All'Alpe Sorbella, sentiero per Sponde e Schienadorso, ore 2.30. Al Pizzo, 1704 m, sentiero per Goreto e Selvaccia, ore 2.30 circa.

RIMA SAN GIUSEPPE

Comune (C 6), Prov. di Vercelli, abitanti: 85, altezza s.l.m.: 975/2964 m, CAP: 13020. **Informazioni:** Municipio di Rima San Giuseppe. **Stazione ferroviaria:** Varallo (km 27).

Il Comune sparso di Rima San Giuseppe si distende nell'alta Valle Sermenza ed è circondato da elevate vette che delimitano lo spartiacque con la Valsesia e la Valle Anzasca. Centro ideale per soggiorni montani, offre, specie nella stagione estiva, molteplici possibilità escursionistiche in un invidiabile contesto paesaggistico e naturale.

Curiosità del luogo e dintorni

L'**oratorio delle Grazie** (XV sec.) nella frazione di Rima, ospita interessanti testimonianze artistiche. La **chiesa parrocchiale** (XVIII sec) raccoglie affreschi di un certo pregio.

Passeggiate ed escursioni

Al Pizzo Montevecchio, 2625 m, sentiero da Rima per A. Valle, Valle di sopra, ore 4 circa. A Borca di Macugnaga, 1195 m, sentiero per il Pizzo Montevecchio donde si prosegue oltre il Colle della Bottiglia, 2607 m, si discende in Val Quarazza per l'A. Montevecchio fino alla méta, ore 6/7 circa. A Carcoforo, 1304 m, in Val d'Egua lungo il Sentiero Walser per il Colle del Termo 2531 m, ore 5 circa. Ad Alagna Valsesia, 1191 m, si risale il già citato Sentiero Walser in Valmontasca per il Colle Mud, 2324 m, donde si discende alla méta per A. Venghi e A. Mud di Mezzo, ore 5.30 circa. Al Colle Piglimò, 2485 m, sentiero da Rima per Lanciole e Lanciole di sopra, ore 3.30. Escursione da Rima a S.Giuseppe per Vascolia, Scarpia di sopra, P.so del Vallarolo, 2332 m, A. la Piana, Piana Grassa, ore 6 circa. A Riva Valdobbia, 1112 m, sentiero da S.Giuseppe per la Valle Nonal, Piano delle Rose, si attraversa il vallico di Finestrolo di Pian di Rose, 2301 m, si scende per Casera di sopra, Motteso, ore 7 circa.

RIMASCO

Comune (C 6), Prov. di Vercelli, abitanti: 180, altezza s.l.m.: 906 m, CAP: 13026. **Informazioni:** Municipio di Rimasco. **Stazione ferroviaria:** Varallo (km 20). Impianti di risalita: skilift.

Il piccolo centro di Rimasco sorge alla congiunzione delle valli Sermenza ed Egua, alle sponde di un piccolo bacino artificiale. La località costituisce una discreta stazione di soggiorno estivo. I dintorni ben si prestano all'escursionismo, mentre d'inverno si può praticare lo sci.

Curiosità del luogo e dintorni

La **chiesa parrocchiale** (significativo altare barocco).

Passeggiate ed escursioni

A Campo, 1386 m, sentiero per Pian della Ratta, ore 1.30. A Mollia in Val Grande, sentiero da Cunaccia, A. Chignola, Colle Finestrolo, 1919 m, A. Ghiaccio, Ortigosa, Cappella Pianello, ore 5 circa.

RIVA VALDOBBIA

Comune (B 7), Prov. di Vercelli, abitanti: 236, altezza s.l.m.:1112 m, CAP: 13020. **Informazioni:** Municipio di Riva Valdobbia. **Stazione ferroviaria:** Varallo (km 33).

L'abitato di Riva Valdobbia è situato in Val Grande non lungi dalla confluenza tra il Sesia ed il torrente Vogna. Stazione climatica di soggiorno di un certo rilievo, domina la parte alta della valle che è chiusa dalle bastionate pareti del M. Rosa.

Per la sua felice posizione geografica è méta di escursionisti che la prediligono quale base di partenza per escursioni nel circondario. Il paesaggio e l'ambiente naturale costituiscono un complemento ideale per chi desideri trascorrere periodi di vero riposo, lontano dagli stress della vita quotidiana. Già denominato anticamente Petrae Gemellae, Riva Valdobbia si distingue per gli splendidi esempi dell'originale architettura valsesiana.

Curiosità del luogo e dintorni

La **chiesa parrocchiale**, dedicata a S.Michele, venne ristrutturata nel XVIII sec. utilizzando parti di un preesistente edificio religioso del XVI sec. Di quest'ultimo avanza il campanile e la facciata, riccamente affrescata verso la fine del XVI sec. L'interno accoglie affreschi e dipinti di notevole rilievo. L'**oratorio di S.Antonio** (XVII sec.), presenta all'interno un Crocefisso in stile barocco e un dipinto degli inizi del XVIII sec. Il **Museo Etnografico**, nella frazione di Rabernardo.

Passeggiate ed escursioni

Alla Cima Mutta, 2135 m, sentiero in Val Vogna per Cà di Janzo, Selveglio, A. Poesi, ore 3 circa. Alla Bocchetta d'Ea, 2288 m, sentiero per A. Stella, C. Vecchia, A. Laghetto Stella, ore 4 circa. Traversata in Valle di Gressoney, si raggiunge Valdobbia, sentiero per Cà di Janzo, si prosegue lungo la GTA fino a Peccia dove si piega per la Montata, A. Larecchio, (Sentiero Walser) Valdobbia, Colle Valdobbia, 2480 m (nei pressi il Rif. Osp. Sottile, vedi ivi), si discende infine per l'Alpe Cialfrezzo, ore 6/7 complessive circa. Al lago Verde, 2864 m, sentiero in Val Vogna fino a Piane donde si prosegue per l'A. Spinale, A. Rissuolo, lago Bianco, lago Nero, donde alla méta in ore 5/6 circa. A San Giuseppe in Valle Sermenza, sentiero per Casarolo, Motteso, Finestrolo di Pian di Rose, 2301 m, discende attraverso Pianelle, ore 7 circa.

ROSSA

Comune (D 7), Prov. di Vercelli, abitanti: 206, altezza s.l.m.: 813 m, CAP: 13020. **Informazioni:** Municipio di Rossa. **Stazione ferroviaria:** Varallo (km 15).

L'abitato di Rossa si estende in felice posizione geografica in Valle Sermenza, alle solatie propaggini del Pizzo Tracciora di Cervatto. I dintorni, dalle felici caratterizzazioni paesaggistiche, ben si prestano per interessanti alternative di carattere escursionistico.

Curiosità del luogo e dintorni

La **cappella** dedicata alla Madonna delle Giavinelle, poco fuori dell'abitato presenta significativi affreschi e dipinti.

Passeggiate ed escursioni

Al Pizzo Tracciora di Cervatto, 1917 m, sentiero per Selletto, A. Campello, ore 3.30. Traversata a Cervatto in Val Matallone, sentiero per Selletto, A. Campello, A. Orello, Oro dell'Asino, Villa Banfi, Giavina, ore 5 circa. Al Passo del Cavaglione, 1748 m, sentiero per la Madonna delle Giavinelle, A. Reale del Cavallo, i Pontetti, Sull'Oro, A. Varmala, Casarolo, A. Cavaglione donde alla méta, ore 3 circa.

SAAS-ALMAGELL

Comune (B 2), Cantone Vallese, altezza s.l.m.: 1673 m, Codice Postale CH 3905 VS. **Informazioni:** Verkehrsverein Saas-Almagell. **Stazione ferroviaria:** Visp (km 25). **Impianti di risalita:** seggiovia, skilift.

Il grazioso villaggio di Saas-Almagell è l'ultimo nucleo abitato della Valle di Saas

(Saastal); è circondato da una serie di elevate vette i cui fianchi sono segnati da marcate formazioni glaciali. A monte dell'abitato si trova l'invaso artificiale di Mattmark; più oltre, l'antico sentiero verso il Passo di M. Moro, stabilisce il collegamento con la Valle Anzasca. Pregiata stazione climatica, è dotata di discrete infrastrutture di supporto per il turismo invernale. Sotto il profilo escursionistico offre interessanti spunti agli appassionati.

Passeggiate ed escursioni

A Staffa di Macugnaga in Valle Anzasca, sentiero oltre il bacino di Mattmark per il Passo di M. Moro, 2870 m, ore 7 circa. Al Passo di Antrona, 2838 m, sentiero attraverso la Furggtal, ore 4 circa (possibilità di discesa ad Antronapiana in Val di Antrona, ore 8/9 complessive circa). Al Britannia Hütte, sentiero per Charf, Roosse, si attraversa in parte il ghiacciaio di Chessjen, ore 4.30 circa (solo per esperti).

SAAS-FEE

Comune (B 1), Cantone Vallese, abitanti: 1.300, altezza s.l.m.: 1800 m, Codice Postale: CH 3906 VS. **Informazioni:** Tourismusorganisation Saas-Fee. **Stazione ferroviaria:** Visp (km 24). **Impianti di risalita:** funivie, seggiovia, skilift.

Rinomata stazione climatica ed apprezzato centro di soggiorno, Saas-Fee si adagia alla sinistra orografica della Valle di Saas ed è circondata da imponenti rilievi montuosi fortemente glacializzati. Di fronte alla località si estende l'immenso giacciaio di Fee dominato dai picchi dell'Allalinhor, dell'Alphubel e del Dom. Per gli appassionati degli sport invernali, una ricca infrastruttura specifica consente la pratica sciistica anche nella stagione estiva. Una fitta rete di sentieri è a disposizione degli escursionisti in un contesto paesaggistico di tutto rispetto.

Passeggiate ed escursioni

A Felskinn, 2991 m (stazione a monte dell'omonima funivia), sentiero da Bifig per Oberi Schopfen e Ritz, ore 4 circa. Al Mischabelhütte, sentiero in ore 4. Alla Cima Mällig, 2700 m, sentiero per Hannig, ore 2.30 circa. A Saas-Grund, 1559 m, sentiero per Wildi, 30 min. All'Hotel Längflue, sentiero attraverso Spielboden, ore 3.30 circa.

SAAS-GRUND

Comune (B 1), Cantone Vallese, abitanti, 985, altezza s.l.m.: 1559/3100 m, Codice Postale: CH 3910 VS. **Informazioni:** Verkehrsverein Saas-Grund. **Stazione ferroviaria:** Stalden (km 15), Visp (km 23), Brig (km 32). **Impianti di risalita:** telecabina per Kreuzboden (2400) e Hohsaas (3100) - tempo di percorrenza 12 min. (Kreuzboden), 24 min. (Hohsaas). Pista di ghiaccio artificiale/Pista di ghiaccio naturale - 26 km di pista da fondo Saastal-loipe - 2 alberghi con piscine coperte - 35 km di pista da sci (Kreuzboden-Hohsaas) - Scuola di sci alpino e nordico - punto di partenza per le classiche cime di 4000 m della Saastal (Fletschhorn, Weissmies, Lagginhorn).

Situato nel cuore della Saastal a ca. 4 km da Saas-Fee la località è un ideale luogo di villeggiatura estivo e invernale adatto alle famiglie. Con le sue 18 vette di 4000 m la tranquilla località offre soprattutto agli alpinisti ottime possibilità di ascensioni di ogni grado e difficoltà. Il suo territorio sciistico con ben 35 km di piste ottimamente preparate comprende anche il territorio del ghiacciaio Trift. Non si pratica lo sci estivo. 300 km di sentieri ben tenuti offrono all'escursionista e amico della natura un territorio molto vario. Particolarmente bella è la flora della Saastal.

Curiosità del luogo e dintorni

La **chiesa parrocchiale** del 1938 con dipinti d'altare del periodo tardo barocco (artisti italiani). La **Via Crucis** con 15 cappelle del Rosario, edificate nel 1709. **Chiesa a pianta circolare** barocca a Saas-Balen (4 km), eretta tra il 1809-1812 dall'architetto Johann-Josef Andenmatten, (unica nel suo genere in Svizzera). **Cappella di S. Antonio** (1697) e **chiesa SS. Trinità** (1735) con un organo storico (1806). La **diga di Mattmark** (12 km). Il **Museo etnografico** a Saas-Fee (4 km).

Passeggiate ed escursioni

In località Crizbode, sentiero per Farwald e Spiss, ore 3 circa. Escursione circolare da Eggen per Balmi Boden, si risale in località Gletscher Weng per Gibidum, Mällig, 2700 m, donde si ritorna per Unsere Wald ed Egge, ore 6 circa. A Saas-Fee, 1800 m, lungo la Via Crucis, ore 1. A Saas-Almagell, 1678 m, sentiero alla sinistra idrografica della Saaser Vispa attraverso Unt. den Bodmen, ore 1.15 circa.

SCOPA

Comune (D 8), Prov. di Vercelli, abitanti: 390, altezza s.l.m.: 622 m, CAP: 13027. **Informazioni:** Municipio di Scopa. **Stazione ferroviaria:** Varallo (km 14).

Il piccolo centro di Scopa sorge in Val Grande alle pendici sud-orientali del M. Ventolaro. La località è conosciuta quale stazione di villeggiatura estiva; non mancano anche qui i sentieri che consentono una sana pratica escursionistica nei dintorni e sulle alture circostanti.

Curiosità del luogo e dintorni

L'antica **parrocchiale**, venne ristrutturata nel XVIII sec. presenta un interessante portico affrescato. Nei paraggi sorge una cappella del XIV sec., anch'essa racchiude testimonianze artistiche di un certo interesse.

Passeggiate ed escursioni

Al M. Ventolaro, 1835 m, sentiero per Cà d'Elena, Gallina, A. Ticcarello, A. Scott, ore 4 circa. A Boccioleto in Valle Sermenza, sentiero per l'A. Scott donde si prosegue per A. Roncaccio, Preti, Cà d'Anselmi, S.Marco, ore 5 circa. Alle Alpi Valmala, sentiero oltre la Madonna della Neve, ore 1. Al Badile, 1883 m, sentiero per Madonna della Neve, il Lagone, A. Prealbina, ore 4.30 circa.

SCOPELLO

Comune (D 8), Prov. di Vercelli, abitanti: 430, altezza s.l.m.: 659 m, CAP: 13028. **Informazioni:** Ufficio Turismo, Comune di Scopello. **Stazione ferroviaria:** Varallo (km 17). **Impianti di risalita:** seggiovia, skilift.

Accogliente e leggiadro paese felicemente disteso al centro della Valgrande, disposto su entrambe le sponde del fiume Sesia. Rinomato centro per soggiorni estivi, offre svariate possibilità agli escursionisti, che possono spingersi nei dintorni di notevole pregio paesaggistico ed ambientale. Scopello è la porta di accesso alla stazione sciistica dell'Alpe Mera, attrezzata per soddisfare tutte le esigenze dello sport bianco (35 km di piste). Sempre a Scopello, per gli appassionati dello sci di fondo, una pista con anelli di diversa difficoltà ed un nuovissimo impianto di discesa per bambini con impianto di risalita tapis roulant.

Passeggiate ed escursioni

All'Alpe di Mera, 1503 m, sentiero per Bertina, S. Bernardo, A. Colletta, ore 3 circa. Al Colle delle Balme, 1930 m, sentiero per Micciolo, Casarolo, donde si risale alla méta per la sella tra il Colle delle Balme ed il M. Castello, ore 4 circa. A Campertogno, 827 m, sentiero per A. Micciolo, Casarolo, Colma di Campertogno, ore 5 circa.

TÄSCH

Comune (A 2), Cantone Vallese, altezza s.l.m.: 1450 m, Codice Postale: CH 3921 VS. **Informazioni:** Verkehrsverein Täsch. **Stazione ferroviaria:** Täsch.

L'ameno villaggio di Täsch sorge nella Mattertal a cinque chilometri da Zermatt, perla del Cantone Vallese, la località è molto apprezzata quale stazione per soggiorni climatici in ogni periodo dell'anno. Nella buona stagione, una fitta rete di sentieri consente la pratica escursionistica in un ambiente che ha saputo conservare intatte le sue migliori qualità naturali.

Passeggiate ed escursioni

A Zermatt, 1616 m, sentiero alla sinistra orografica della valle per Raf Wald, Unt. Chruz Wald, Spiss, ore 1.30 circa. Al Weisshornhütte, sentiero per Schaliachern, Rotiboden, Jatz, ore 4 circa. Al Täschütte, sentiero per Täschberg, Eggenstadel, Stafelti, Ottavan, ore 4 circa.

VANZONE CON SAN CARLO

Comune (D 4), Prov. di Verbania, abitanti: 486, altezza s.l.m.: 550/2792 m, CAP: 28030. **Informazioni:** Pro Loco di Vanzone con San Carlo. **Stazione ferroviaria:** Piedimulera (km 14).

Il Comune sparso di Vanzone con San Carlo si estende, con le sue frazioni, in Valle Anzasca, ove è compreso tra i Comuni di Ceppo Morelli e Bannio Anzino. A nord è sovrastato da una serie di elevate vette delle quali il P.zo S.Martino, con i suoi 2733 m, rappresenta la massima elevazione. La località non presenta particolari motivazioni di carattere turistico, tuttavia costituisce una buona base di partenza per passeggiate ed escursioni nei dintorni che conservano pregevoli interessi di carattere paesaggistico.

Curiosità del luogo e dintorni

La **parrocchiale**, raccoglie interessanti dipinti del XVII secolo.

Passeggiate ed escursioni

Al P.zo S.Martino, sentiero da Vanzone per A. Briga, A. Motto, A. Asinello, Biv. Lamé, donde si risale alla méta lungo la cresta nord-orientale, ore 8 circa. Traversata ad Antronapiana, 908 m, in Valle d'Antrona sentiero per Madonna del Ronco, Cà Nova, Cingora, A. Vallar, A. Cortelancio, A. Vallar, 1971 m, P.so Cianghin, 2218 m, da dove si scende per A. Mottone, quindi lungo il Vallone di Trivera per Locasca da dove alla méta lungo il sentiero sopra la statale, ore 8/9 complessive circa. Al lago Grande, 2269 m, sentiero da Vanzone per Pianezza di dentro, A. Briga, A. Motto, ore 5 circa.

ZERMATT

Comune (A 3), Cantone Vallese, abitanti: 5.000, altezza s.l.m.: 1616 m, Codice Postale: CH 3902 VS. **Informazioni:** Verkehrsbüro Zermatt. **Stazione ferroviaria:** Zermatt. **Impianti di risalita:** Funicolare del Sunnegga, ferrovia del Gornergrat, funivie, telecabine, seggiovie, skilift.

Il pittoresco centro alpino di Zermatt sorge nell'alta valle della Matter Vispa, coronata dall'imponente cerchia montana, che trova nel Matterhorn/Cervino e nel massiccio del M. Rosa le vette più significative. La conca di Zermatt è senz'altro una delle più celebrate della Svizzera e dell'intero arco alpino; la primaria qualità delle sue infrastrutture ricettive e di supporto per la pratica degli sport invernali qualifica Zermatt tra le perle della regione alpina, significativo polo d'attrazione turistica in ogni stagione dell'anno, méta di escursionisti e sportivi da ogni angolo del vecchio continente. La storia di Zermatt è legata alla leggenda alpinistica del Cervino e delle altre imponenti formazioni rocciose che la sovrastano; il piccolo centro si è andato sviluppando a dismisura unitamente alla fitta rete degli impianti di risalita che trovano, nell'ardita ferrovia del Gornergrat, uno degli elementi più caratteristici del singolare paesaggio che si estende alle gelate pendici settentrionali del M. Rosa. Quale centro di soggiorno Zermatt è in grado di offrire piacevoli e confortevoli vacanze in ogni periodo dell'anno. L'ottima posizione geografica, il clima salubre e asciutto, unitamente alla possibilità di praticare l'escursionismo a tutti i livelli, qualificano la cittadina svizzera tra i paradisi escursionistici di più elevato rango.

Curiosità del luogo e dintorni
La **chiesa parrocchiale**, presenta sul retro il **cimitero** che custodisce le spoglie mortali dei primi sfortunati conquistatori del Cervino (luglio 1865). Il **museo Alpino**, contenente memorie e cimeli dell'escursionismo locale e delle prime scalate del Cervino. **Monumento in marmo ad A. Seiler** uno tra i più significativi creatori delle fortune turistiche del luogo. **Medaglione ad E. Whymper**, primo scalatore del Cervino, sulla facciata dell'Hotel M. Rosa.

Passeggiate ed escursioni
Vedi sotto i numerosi rifugi ed alberghi alpini della zona. Escursione lungo il margine superiore del ghiacciaio del Findeln, sentiero da Findeln per l'omonima Alpe, ore 5 complessive partendo da Zermatt. Al Colle del Teodulo, 3290 m, sentiero dal Rif. Gandegg, ore 8 complessive (solo per esperti, difficili passaggi su ghiaccio e roccia, vedi carta turistica KOMPASS n. 87 «Breuil-Cervinia-Zermatt»). Allo Schwarzsee, in funivia o per sentiero, ore 4.30. Al Gornergrat, vedi sotto Kulmhotel.

Foto di copertina sulla cartina e del libretto: Il Rimpfischhorn, 4199 m, e lo Strahlhorn, 4190 m (Robert Oberarzbacher)
Numero di edizione: 06.7c
ISBN 3-85491-302-8

© KOMPASS-Karten GmbH
Kaplanstraße 2, A-6063 Rum/Innsbruck
Fax +43 512 265561-8
e-mail: kompass@kompass.at
http://www.kompass.at

CONSIGLI ED INFORMAZIONI PRATICHE PER L'ESCURSIONISTA

La Montagna, un regno di fantastica bellezza con le proprie leggi

La montagna è un territorio di affascinanti esperienze, sia d'estate che in inverno. Spesso però diviene un incubo per le persone distratte, spensierate o, peggio ancora, irresponsabili.

- In alta montagna l'uomo non è solo circondato dalla bellezza della natura, ma deve fare anche i conti con il pericolo sempre presente. Solo conoscendolo preventivamente ed imparando ad affrontarlo, l'esperienza della montagna resterà una fondamentale pagina di vita vissuta.

- L'alpinismo come l'escursionismo se valutati sotto l'ottica della competitività ingenerano notevoli pretese ed aspettative. Tali discipline invece devono essere sviluppate in modo molto graduale.

- Potenza e volontà devono essere adoperate congiuntamente nell'affrontare le insidie delle rocce e dei ghiacci.

- Le migliori garanzie per la sicurezza individuale sono costituite dal graduale sviluppo dell'esercizio fisico, unito al costante allenamento del camminare e nello scalare in montagna (le varie associazioni alpine svolgono disparati corsi d'istruzione e di perfezionamento).

- Ogni alpinista ha delle grosse responsabilità; deve proteggere infatti la propria vita e quella dei compagni. Molte persone affrontano la montagna senza conoscere i propri limiti di rendimento, divenendo in tal modo un imprevedibile fattore di rischio per sé e per gli altri.

- L'esperienza in montagna non è da ricercarsi nella perfezione tecnica ma, anzitutto, nel contatto con la natura.

- Le necessarie documentazioni di base per l'escursionismo e l'alpinismo sono disponibili presso le varie associazioni alpine, pro loco, scuole di montagna ed agenzie di viaggio.

Misure di sicurezza e precauzioni indispensabili in montagna

- Comunicare sempre al posto d'alloggio la direzione dell'itinerario che si intende svolgere, la durata dell'escursione e la presunta ora di rientro.

- Comunicare sempre e con qualsiasi mezzo al posto d'alloggio le eventuali variazioni all'itinerario; è pure opportuno iscrivere il proprio nominativo nel libro della vetta.

- Non transitare davanti a eventuali rifugi, malghe o posti di ristoro senza prendere contatti con la gente del luogo (fatevi vedere!). Questo è molto importante per un'eventuale operazione di ricerca e di soccorso.

- Alla prima occasione avvertire il posto d'alloggio di eventuali ritardi o cambiamenti di programma che non consentano il rientro all'ora prevista. All'imbrunire vengono infatti allertate le squadre di soccorso alpino, ove il vostro alloggiatore non vi abbia visti rientrare.

- Valutate con la massima esattezza possibile i tempi delle vostre escursioni.

- Solo in condizioni normali e trovandosi in perfetta forma è possibile superare in 1 ora un dislivello di 400 m o percorrere 4 km in lieve pendenza.
- Adeguare il proprio vestiario per le escursioni! Ad ogni 1000 m di dislivello la temperatura si abbassa in media di 6°C.
- Non avventurarsi per le scorciatoie; eventuali soccorritori avrebbero seri problemi a reperirvi al di fuori dei normali percorsi segnalati.
- La nebbia costituisce uno dei maggiori pericoli in montagna; in mezzo ad essa si perde anche la gente del luogo! È facile girare in tondo senza rendersene conto. Non esporsi ad inutili e gravi rischi; è preferibile attendere che il fenomeno cessi o quanto meno si diradi, in modo da consentire la marcia senza pericolo.
- Non sottovalutare la perdita dell'orientamento; il rischio e la responsabilità sono troppo evidenti per potersi permettere di giocare con la morte!

CONSIGLI DI UN MEDICO PER L'ESCURSIONISTA

Premesse mediche per una vacanza «attiva» in montagna o altrove. Trascorrere le ferie in montagna o dedicandosi comunque alla pratica escursionistica, significa avere a portata di mano un'ottima occasione per rigenerarsi sia fisicamente che mentalmente. L'attività fisica durante le escursioni in montagna, nonché la pratica escursionistica in senso lato costituisce un ottimo allenamento per la muscolatura, per il cuore e per la circolazione del sangue. La limpida aria montana rappresenta un ulteriore fattore positivo per la salute.
- Non affrontare escursioni impegnative senza un preventivo allenamento (allenarsi prima delle ferie).
- Prestare attenzione al cuore ed alla circolazione (il consiglio vale in particolar modo per le persone obese, è opportuno consultare il medico di fiducia).
- In primo luogo sarà opportuno acclimatarsi alle condizioni ambientali del posto di villeggiatura scelto.
- Intraprendere un'escursione esclusivamente in buone condizioni fisiche e riposati. In casi di contrattempi fisici (ad esempio raffreddore o febbre), come nel caso di notti insonni è opportuno non impegnarsi in attività escursionistiche.
- Portarsi dietro viveri a sufficienza, frutta e bevande (soprattutto i bambini soffrono molto la sete). Prestare attenzione alla perdita di liquidi e di sali dovuta al sudore; è opportuno, una volta raggiunto il rifugio o l'abituale alloggiamento, ripristinare la giusta salinità corporea con l'assunzione di cibi specifici (ad esempio buona minestra salata).
- Durante le escursioni non dovrebbe mai mancare una adeguata protezione dal sole (creme, occhiali da sole, copricapo) unitamente al burro di cacao (protezione per le labbra) e ad una cassetta di pronto soccorso (fasce elastiche, fasciatura triangolare, garze, cerotti, spilli di sicurezza, forbici, coperta di soccorso in alluminio).

KOMPASS-LEXIKON

Die KOMPASS-Wanderkarte 1:50.000, Blatt Nr. 88 „M. Rosa" umfaßt vor allem das beeindruckende Gebirgsmassiv des Monte Rosa, eine der bedeutendsten Gebirgsgruppen der Alpen und ohne Zweifel das wichtigste Gebirge der Penninischen Alpen. Die anderen in der Karte dargestellten Erhebungen sind ein Teil der Walliser Alpen (Mischabel) oder werden ganz allgemein zu den Voralpen gerechnet. In politischer Hinsicht teilt sich das Gebiet auf die Staaten Italien und Schweiz auf. Vom letzteren sind Teile des Kantons Wallis, einer typisch gemischtsprachigen Region, wo sich das Französische mit dem deutschsprachigen Element trifft (auf dieser Karte ist vor allem deutschsprachiges Gebiet ersichtlich), abgebildet. Auf italienischem Gebiet erkennen wir die Grenzlinie zwischen der Autonomen Region Aostatal und der Region Piemont. Diese verläuft genau entlang der Wasserscheide zwischen dem Val di Gressoney und dem Valsesia. Die genannte Grenze trennt auch die Autonome Region Aostatal von der Provinz Vercelli, während die Verwaltungsgrenze zwischen dieser letzteren und der Provinz Verbania entlang der Wasserscheide zwischen Valsesia und dem Valle Anzasca verläuft. Vom komplexen Talsystem wird später die Rede sein; ein erster Blick auf die Verkehrsverbindungen zeigt uns, daß weder Auto- noch Eisenbahnen ersichtlich sind, sieht man von der Nebenbahn, die von Visp nach Zermatt (Schweiz) führt, ab. Die am nächsten liegenden Bahnstationen auf italienischem Gebiet sind jene von Pont St. Martin (Valle d'Aosta), Varallo (Valsesia), Piedimulera (an der Mündung des Valle Anzasca) und Villadossola (Val d'Ossola, an der Mündung des Val d'Antrona). Unter den wichtigsten auf der Karte ersichtlichen Straßen sind die Staatsstraße Nr. 505 von Gressoney zu nennen, die das gleichnamige Tal bis nach Pont St. Martin durchquert; die Staatsstraße Nr. 299 von Valsesia, die von Novara nach Varallo und nach Alagna Valsesia durch das gleichnamige Tal führt. Im nordöstlichen Teil der Karte verbindet die Staatsstraße Nr. 549 von Valle Anzasca den wichtigen Fremdenverkehrsort Macugnaga mit dem Val d'Ossola. Unter den bedeutendsten Fremdenverkehrsregionen erkennen wir, außer dem bereits genannten Gebiet des Monte Rosa, das ein wahrhaftiges Paradies für Bergsteiger darstellt, eine Reihe von Fremdenverkehrsorten, die sich auch internationale Bekanntheit erfreuen. Nennen wir stellvertretend Zermatt in der Schweiz und Gressoney, Alagna und Macugnaga in Italien, welche allesamt bedeutende Luftkur- und wichtige Wintersportorte bilden.

Oberflächengewässer

Die Oberflächengewässer sind wegen des gebirgigen Charakters des auf der Karte dargestellten Gebietes zum Großteil von Gebirgs- und Wildbächen gekennzeichnet wobei der Sesia, im südöstlichen Teil der Karte, zwischen Campertogno und Scopello, der alle Kennzeichen eines Flusses besitzt, ausgenommen werden muß. Der Alpenhauptkamm bildet die Hauptwasserscheide zwischen dem Becken der Rhône im Norden und jenem des Po im Süden. Der bedeutendste auf der Karte dargestellte Wasserlauf ist ohne Zweifel der Sesia, der in seinem oberen Abschnitt deutlich Kennzeichen eines Wildbaches trägt. Er entspringt im oberen Valsesia, oberhalb der Ortschaft Alagna, wo er zahlreiche kleinere Bäche, die überwiegend von den am Ende des Valgrande gelegenen Gletschern kommen, aufnimmt. Entlang seines Laufes erhält er zahlreiche Zuflüsse; auf der orographisch rechten Seite des Valsesia sind dabei die Bäche

Olen, Otro, Vogna, Artogna und Sorba sowie andere zweitrangige Wasserläufe zu nennen. Auf der orographisch linken Seite hingegen besteht ein einziger Zufluß von gewisser Bedeutung, der Torrente Sermenza, der bei Balmuccia in den Sesia mündet. Das Val di Gressoney wird vom Torrente Lys, einem linksseitigen Zufluß der Dora Baltea, entwässert, während der Evancon das Valle d'Ayas, von welchem in der Karte nur ein kleiner Abschnitt im südwestlichen Teil ersichtlich ist, durchfließt. Sowohl der Lys als auch der Evancon sind linksseitige Zuflüsse der Dora Baltea. Das Valle Anzasca wird vom Torrente Anzasca durchströmt, der unter seinen zahlreichen Zuflüssen auch den Quarazzolo und den Rio Mondelli aufnimmt. Im nordöstlichen Teil der Karte durchfließt der Torrente Ovesca das Val d'Antrona in Richtung Toce, während man auf Schweizer Gebiet deutlich die beiden Verzweigungen der Vispa (Matter Vispa und Saaser Vispa), linksseitige Zuflüsse der Rhône, erkennt. Unter den Seen sind vor allem Staubecken und eine Reihe von Alpenseen zu nennen; unter den ersteren erlangte das Staubekken von Mattmark (Schweiz) durch den Murabgang, der im Sommer des Jahres 1965 88 Arbeitern das Leben kostete, traurige Berühmtheit.

Unter den übrigen Stauseen sind – in Italien – jene von Camposecco, Cingino, Campliccioli, Antrona und Alpe dei Cavalli (Val d'Antrona) zu nennen; außerdem finden wir im Val di Gressoney den Stausee von Gabiet. Diese Stauseen werden in erster Linie zur Stromerzeugung genutzt. Unter den Bergseen sind jene am Talschluß des Valle Artogna zu nennen, den Lago Nero und den Lago Bianco an den Hängen des Corno Bianco (auf dem Kamm, der die Wasserscheide zwischen den Tälern Gressoney und Valsesia bildet); der Lago della Battaglia und jener von Bringuez (auf dem Gebirgskamm zwischen dem Valle d'Ayas und dem Val di Gressoney). Unter den Oberflächengewässern sind zudem die Gletscher zu erwähnen, die vor allem in den Gebirgsmassiven des Monte Rosa und des Mischabel konzentriert sind. Auf Schweizer Staatsgebiet erkennen wir dabei, von Südwesten nach Nordosten, den enorm großen Gornergletscher, sowie den Grenzgletscher, Monte-Rosa-Gletscher, Findelngletscher, Längfluhgletscher, Mellichgletscher, Allalingletscher, Schwarzberggletscher, Feegletscher und den Bildengletscher (einige kleinere Gletscher wurden nicht erwähnt). In Italien hingegen finden wir den Verra-, Felik-, Lys-, Indren-, Bors-, Piode-, Sesia-, Vigne-, Loccie-, Signale-, Monte-Rosa-, Nordend- und den Belvederegletscher (auch in dieser Aufzählung wurden einige kleinere Gletscher nicht erwähnt). Außerhalb der Monte-Rosa-Gruppe erkennt man die Gletscher von Bottarello, am Ende des Valle di Loranco, im nordöstlichen Kartenabschnitt gelegen, sowie den Otrogletscher im Osten der Punta di Netscio (am Kamm zwischen den Tälern Gressoney und Valsesia).

Der Monte Rosa

Der Monte Rosa, antonomasisch für „Berg", bildet mit seinen ausgedehnten Felswänden und Gletschermassen einen der herausragendsten Punkte in den Alpen und ohne Zweifel den bedeutendsten Gipfel der Penninischen Alpen. Die Länge dieser Gebirgskette beträgt ca. 50 km, vom Passo di Monte Moro im Osten bis zum Colle del Teodulo im Westen reichend; seine mittlere Höhe übersteigt die 4000 m-Grenze und erreicht in seiner höchsten Erhebung, der Punta Dufour, 4634 m; diese erhebt sich aus ausgedehnten Gletschern und bildet den zweithöchsten Gipfel der Alpen. Der von den Römern wegen seines Waldreichtums Mons Boscosus genannte Berg wurde zum Monte Rosio, als der unaufhaltsame Vorstoß der Gletscher zur fortschreitenden Verkümmerung des Waldes führte. Im 17. Jh. wurde bereits die heutige Bezeichnung verwendet, wie aus Dialektausdrücken im Aostatal zu schließen ist, welche auf roise, rése und rösa lauten und alle „Gletscherberg" bedeuten. Man findet allerdings auch viele andere Bezeichnungen, welche auf seine Schneemassen oder auf die Färbung der Nebel, welche die Gipfel häufig einhüllen, anspielen. Die Geschichte der Alpinistik im Monte-Rosa-Gebiet beginnt Ende des 18. Jh., als einige Jugendliche aus Gressoney zum Colle del Lys aufstiegen und zum ersten Mal die riesigen Gletschermassen auf der Schweizer Seite sahen und damit den Weg für die Besteigung der Monte-Rosa-Gipfel ebneten, welche im Sommer des Jahres 1801 stattfand. Damals bestieg der Arzt Giordani den Gipfel, der seitdem seinen Namen trägt. Nach und nach wurden die anderen Berggipfel bestiegen; die Besteigung der Punta Vincent im Jahre 1819, die Bezwingung des Zumstein im darauffolgenden Jahr und der Aufstieg auf die Punta Gnifetti im Jahre 1842. Seit jener Zeit haben eine Vielzahl von bekannten und unbekannten Kletterern die oft überhängenden Eiswände des Monte Rosa bestiegen, der Herausforderung folgend, die der Berg dem Menschen stellt. Auch heute ist das Monte-Rosa-Massiv Ziel von Kletterern und Bergsteigern aus der ganzen Welt; zusammen mit dem Monte Bianco, Gran Paradiso und dem Matterhorn (den anderen Riesen der Bergwelt des Aostatales) bildet der Monte Rosa ein Glanzstück im gesamten Alpenbogen, das von Bergfreunden besucht wird, die eine der eindrucksvollsten Gebirgsszenerien Italiens genießen wollen.

Dank seiner günstigen Lage im Zentrum der Alpen, umgeben vom Kanton Wallis, dem Aostatal und Piemont, ist das Gebiet leicht von drei Seiten zugänglich (Matter- und Saastal in der Schweiz, Ayas- und Gressoneytal im Aostatal, Sesia- und Anzascatal in Piemont). Eine Vielzahl von Schutzhütten und Unterkunftsstätten sowie ein ausgedehntes, meist markiertes Wanderwegenetz in der gesamten Gebirgskette ermöglicht dem erfahrenen Bergfreund wie auch dem Laien (Voraussetzung ist immer die nötige Vorsicht walten zu lassen) den Zugang zu einem Bergreich über 4000 m Höhe. Außer der bereits genannten Punta Dufour, dem höchsten Gipfel der Kette, sind, von Westen nach Osten, folgende Erhebungen zu nennen: die Testa Grigia, 3480 m, die Gobba di Rollin, 3902 m, die Breithorngruppe (drei Gipfel über 4000 m), der Schwarzfluh, 4075 m, die Zwillinge Castor und Pollux, 4228 und 4092 m, der Lyskamm (Östlicher Lyskamm, 4527 m), die Piramide Vincent, 4215 m, die Punta Giordani, 4046 m, die Parrotspitze, 4340 m, die Signalkuppe, 4556 m, die Zumsteinspitze, 4563 m, der Nordend, 4609 m, die Cima di Iazzi, 3804 m.

Nebengebirgsgruppen

Ein Überblick über die auf der Karte abgebildeten Gebirgsgruppen darf sich nicht auf die Hauptgebirgsgruppe beschränken, sondern muß auch die anderen Gebirgszüge berücksichtigen, die zwar in Ausdehnung und Höhe in bezug auf den Monte Rosa zweitrangig sind, nicht jedoch unter dem alpinistischen Gesichtspunkt. Im Norden des Monte Rosa, auf Schweizer Staatsgebiet, erhebt sich die Mischabel-Gruppe; diese liegt zwischen dem Matter- und Saastal und besteht aus einer Reihe von Gipfeln, die über 4000 m hoch sind. Von der unteren Grenze der Gebirgsgruppe (Schwarzberg-Weißtor) nach Norden erkennen wir: das Strahlhorn, 4190 m, das Rimpfischhorn, 4199 m, das Allalinhorn, 4027 m, den Alphubel, 4206 m, das Täschhorn, 4490 m, den Dom, 4525 m, die Lenzspitze, 4294 m, und das Nadelhorn, 4327 m. Die gesamte Gruppe wird von umfangreichen, beeindruckenden Gletschern umgeben, deren Zungen bis in die Seitentäler hinabreichen. Ebenfalls in der Schweiz, unmittelbar im Norden der Grenze erkennt man jenseits des Pizzo d'Andolla das Gebirgsmassiv des

Weißmies. Es handelt sich hierbei um eine Reihe von Gipfeln, deren höchster der Weißmies, 4023 m, ist. Unter den weiteren Gipfeln findet man den bereits genannten Pizzo d'Andolla, 3653 m (Portjengrat). Auch in dieser Gruppe liegen Gletscher, wenn auch kleinere als die bereits genannten. Die übrigen auf der Karte ersichtlichen Erhebungen liegen überwiegend in den Gebirgszügen, die sich vom Zentrum des Monte Rosa nach Süden hin ausdehnen. Entlang des Kammes, der die Wasserscheide zwischen den Tälern Ayas und Gressoney bildet, befinden sich einige Gipfel die die 3000 m-Grenze überschreiten: das Rothorn, 3152 m, die Testa Grigia, 3315 m, der M. Pinter, 3132 m und der Corno Vitello, 3057 m. Zwischen dem Val di Gressoney und dem Valsesia sind, von Norden nach Süden, folgende Erhebungen zu erkennen: die Punta Stolemberg, 3202 m, das Hochlicht, 3165 m, der Corno del Camoscio, 3026 m, der Corno Rosso, 3023 m, die Punta Straling, 3115 m, der Corno Grosso, 3042 m, die Punta di Uomo Storto, 3114 m, die Punta di Netscio, 3280 m und der Corno Bianco, 3320 m; daneben finden sich noch mehrere Bergspitzen mit einer Höhe zwischen 3500 und 3000 m. Ungefähr in der Mitte der Karte, im Osten der Punta Gnifetti, zweigt ein Gebirgskamm ab, der das Valle Anzasca vom Valsesia scheidet. Dessen Erhebungen sind im wesentlichen die Punta Grober, 3497 m, der Pizzo Bianco, 3215 m, der Pizzo Montevecchio, 2789 m, der M. Tagliaferro, 2964 m. Weiter im Norden, zwischen dem Valle Anzasca und dem Val d'Antrona, erkennen wir den Pizzo di Antigine, 3189 m (an der Grenze zwischen Italien und der Schweiz), die Punta Laugera, 2995 m, den Pizzo S. Martino, 2733 m, den Pizzo del Ton, 2675 m. Im nordöstlichen Teil der Karte, am Ende des Val d'Antrona, erheben sich eine Reihe von Spitzen, deren höchste die Punte di Cingino (Nord, 3227 m - Süd, 3104 m) sind; im weiteren sind zu nennen die Punta della Rossa, 2911 m, die Punta Turiggia, 2811 m, der Pizzo Montalto, 2725 m. Am Ende des Val Loranco, an der italienisch-schweizerischen Grenze, liegt schließlich der Pizzo Bottarello, 3487 m.

Das Talsystem

Das komplexe Gebirgssystem des auf der Karte ersichtlichen Gebietes bestimmt in bedeutender Weise die Formenwelt dieser Region, welche somit sehr vielfältig ist. Diese Vielfalt nimmt etwas ab, wenn man das Hauptgebirgsmassiv in Richtung Randgebiete verläßt. Von diesem genannten Massiv zweigt ein Netz von Tälern ab, die, von einem Punkt ausgehend, in mehrere Richtungen hin verzweigen: in Richtung Voralpen von Vercelli und Novara; in Richtung des Tales der Dora Baltea und in Richtung Rhônetal auf Schweizer Seite. Beginnen wir eine genauere Übersicht vom Val di Gressoney ausgehend. Von diesem fehlt auf der Karte der untere Abschnitt von Gaby bis Pont S. Martin. Es wird vom Torrente Lys durchflossen, der im obersten Talabschnitt aus den Verzweigungen des gleichnamigen Gletschers entspringt; auf seinem Lauf durchs Tal sammelt er verschiedene Zuflüsse, die das Landschaftsbild des Tales bestimmen. Das Talende ist stark vergletschert; neben den Lysgletschern sind noch der Felik- und der Garsteletgletscher zu erwähnen. Die Erhebungen des steilen Felsgrats des Lyskammes werden von einigen der höchsten Gipfel des Monte Rosa umgeben. Im Tal lebt die deutsche Sprachgemeinschaft der Walliser, welche früher auf der Schweizer Seite dieses zweithöchsten Gebirgszuges der Alpen lebten; diese Walliser Bauern wanderten dann über die Pässe des Monte Rosa in das heutige Siedlungsgebiet ein. Die Ansiedlungen liegen entlang der Staatsstraße am Talgrund und an den Talhängen; es haben sich die beiden Zentren Gressoney-la-Trinité und Gressoney-St.-Jean, beides bekannte Fremdenverkehrs- und Wintersportorte, entwickelt. Weiter im Osten treffen wir auf ein anderes, sicherlich bedeutenderes und weitläufigeres Tal. Das Valsesia zieht sich von den südöstlichen Ausläufern des Monte Rosa in vielen Windungen in Richtung Poebene hin. In seinem mittleren und oberen Teil wird es Valgrande genannt. In seinem Talschluß wird es von den höchsten Erhebungen des Monte Rosa überragt, die von weitläufigen Gletschermassen, die immer wieder von felsigen Vertiefungen und Schuttanhäufungen unterbrochen werden, umgeben sind. Der Sesia bildet sich aus den Gletscherbächen am Talende und aus einer Reihe von Nebenbächen, welche aus den übrigen, den oberen Talabschnitt umgebenden Gletschern entspringen. Am Talboden verläuft die Staatsstraße, längs der sich die meisten Siedlungen gebildet haben; unter diesen ragt Alagna Valsesia wegen seiner bedeutenden Fremdenverkehrs- und Wintersporteinrichtungen hervor. Die wichtigsten Seitentäler des Valsesia sind das Valle d'Olen und das Valle d'Otro, das Val Vogna, das Valle Artogna und schließlich das Valle Sermenza, das auf der orographisch linken Seite, in der Nähe von Balmuccia, einmündet. Das Valle Anzasca bildet einen weiteren wichtigen Talzug in dieser Region; es wird vom Torrente Anza durchflossen und erstreckt sich vom Osthang des Monte Rosa bis zur Vereinigung mit dem Val d'Ossola, welche bei Piedimulera stattfindet. Der Torrente Anza entspringt im oberen Talabschnitt aus den zahlreichen Gletschern, die das beeindruckende Talende umgeben. Dieses wird von einigen der höchsten Spitzen dieser Gebirgsgruppe überragt; deren höchste ist die Punta Dufour, 4639 m, der nach dem Mont Blanc zweithöchste Berg Europas. Am Talboden, wo die Staatsstraße 549 verläuft, finden sich eine Reihe von Ansiedlungen; die wichtigste davon ist Macugnaga, bis vor einigen Jahrzehnten ein wichtiger Bergbauort und jetzt ein weithin bekannter Fremdenverkehrs- und Wintersportort in der Umgebung des Monte Rosa. Im nordöstlichen Teil der Karte ist ein Teil des Val d'Antrona abgebildet; es wird vom Torrente Ovesca durchflossen und mündet bei Villadossola in das Val d'Ossola. In diesem Teil des Tales und im Nebental Val Loranco trifft man auf mehrere Stauseen. Das Tal besitzt keine größeren Fremdenverkehrsorte, bietet den Bergsteigern und Wanderern jedoch gute Ausgangsmöglichkeiten. Auf schweizerischem Gebiet erkennen wir von Westen nach Osten das Matter- und das Saastal. Das erstgenannte Tal mit der Ortschaft Zermatt, einer der bekanntesten Fremderverkehrsorte der Alpen, wird von der Matter Vispa durchflossen. Das Saastal besitzt eine eindrucksvolle Gletscherwelt und wird von der Saaser Vispa entwässert; im oberen Talabschnitt liegt der Stausee Mattmark. Unter den Ortschaften am Talgrund heben sich Saas-Grund, Saas-Fee und Saas-Almagell als Wintersportzentren hervor.

Naturschutzpark „Alta Valsesia"

Der Park, der 1979 innerhalb des Gebietes der Gemeinden Alagna, Rima, Rimasco, Carcoforo, Rimella und Fobello gegründet wurde, hat eine Oberfläche von ca. 6500 Ha. Das Parkgebiet ist großteils bergiger Natur und liegt vorwiegend auf einer Höhe von über 950 m und erreicht mit der Punta Gnifetti im Monte-Rosa-Massiv die 4559 m. Dort befindet sich auch die Schutzhütte Osservatorio Regina Margherita. In vergangenen Zeiten nutzten die Bewohner des Alta Valsesia einige Goldminen, heute hingegen ist die Viehzucht stark verbreitet (Rinder, Schafe und Ziegen), die die zahlreichen Weiden benutzen, die sich auf unterschiedlichen Höhen befinden. Eine große naturgeographische Bedeutung haben die Gletscher des Monte Rosa, aus denen die Quellarme des Sesiaflusses entspringen, und die Hochgebirgspflanzen, die von Pioniergewächsen auf Felsen, Ablagerungen und Moränen gekennzeichnet sind. Die Fauna des Parks ist mit Steinböcken und Gemsen, aber auch mit Rehwild vertreten, dessen Bestand allem Anschein nach im Wachsen begriffen ist. Auch die Murmeltiere sind zahlreich. Unter den kleinen Säugetieren ist das Hermelin, der Marder, das Mauswiesel, das Eichhörnchen und der Alpenschneehase zu nennen. Die Vogelwelt hat als bedeutendste Arten den Königsadler aufzuweisen, der auf Höhen zwischen 1500 und 2000 m nistet, den Kolkraben, den Mäusebussard, die Alpenkrähe, das Moorschneehuhn, das Birkhuhn und das Steinhuhn.

Geologie

Die Gesteinszusammensetzung des hier abgebildeten Gebietes ist vielfältig, da sie das Ergebnis von umfangreichen Gebirgsbildungen, die sich in unterschiedlichen geologischen Zeitaltern abgespielt haben, ist. Der östliche Teil der Penninischen Alpen wird im allgemeinen von den drei wichtigen Gesteinsgruppen gebildet: den magmatischen, metamorphosen und Sedimentgesteinen. Als wichtige Gesteine des Monte Rosa sind Gneis, Glimmer- und Kalkschiefer zu nennen, weiters Serpentine und Amphibolite; metamorphose Kalkgesteine treten im Valsesia zusammen mit Glimmerschiefer und Gneis auf. Als Besonderheit seien noch die Goldminen des Valsesia genannt, in denen früher, wenn auch nur in geringen Mengen, dieses kostbare Metall abgebaut wurde. Auch die Goldminen von Pestarena im Val Anzasca waren bis 1961 tätig; sie fruchteten jährlich über 500 kg Gold. In der Vergangenheit versuchte man auch die Nutzung anderer Metalle – wenn auch hier mit geringem Erfolg –, etwa von Arsenpyrit, Silberpyrit und Bleiglanz. Weitverbreitet, besonders im Valsesia, sind Marmorbrüche (bekannt ist der grüne Marmor von Varallo).

Geschichte

Das Gebiet des Aostatales ist seit der Vorgeschichte besiedelt; archäologische Funde die auf das Jahr 2000 v. Chr. zurückgehen bezeugen, daß schon vor dem Bronze- und Eisenzeitalter menschliche Ansiedlungen bestanden. Laut Römern hatten ligurische Völker nach dem Neolithikum das Tal bevölkert; den ligurischen Völkern überlagerten sich keltische Stämme (5. Jh. v. Chr.), denen im 2. Jh. v. Chr. das arbeitsame und fleißige Volk der Salassen folgte. Die ersten Kämpfe der Römer unter Konsul Appio Claudio gegen dieses Volk gehen auf das Jahr 143 v. Chr. zurück. Die Gründung Ivreas (100 v. Chr.) geht dem Bau der Gallierstraße zwischen dem heutigen Mailand und Lyon voraus. Das Verhältnis zwischen den Salassen und den römischen Eroberern blieb weiterhin turbulent und gespannt bis 25 v. Chr. die Legionen des Terenzio Varrone definitiv die einheimische Bevölkerung unterwarf, die teilweise gefangen genommen und zum Teil gezwungenermaßen romanisiert wurde. In jener Zeit entstand Augusta Praetoria (das heutige Aosta) als militärischer Stützpunkt des Tales. Die römische Herrschaft im Tal brachte bedeutende Verbesserungen des Straßennetzes, das weiter ausgebaut wurde. Besondere militärische Wichtigkeit wurde den Pässen zugerechnet, vor allem dem Kleinen St. Bernhardpaß, dem Tor zur transalpinen Region. Die Kontrolle des Tales von seiten der Römer beschränkte sich hauptsächlich auf die strategischen Objekte sowie auf die Nutzung der Bodenschätze.

Das Tal wurde nicht so sehr als Wohngebiet sondern vielmehr als wichtiger Durchzugsbereich für die Legionen und den Warentransport des Kaisers betrachtet. Die Christianisierung im Tal begann bereits im 4. Jh. als die Diözese Aosta entstand, die unter dem Einfluß des Primas in Mailand stand. Vor dem endgültigen

Zusammenbruch des westlichen Römerreiches (476 n. Chr.) erlebte das Aostatal die ersten Einfälle der Burgunder und sein oberer Teil (das heutige Valdigne) wurde Burgund einverleibt, dessen Hauptstadt Genf war. Nach den Burgundern kamen die Ostgoten und Langobarden, bis dann 576 die Franken das Tal ungefähr 300 Jahre lang beherrschten. Während der Karolingerzeit verlor der Kleine St. Bernhardpaß an Bedeutung; seiner direkteren geographischen Lage und seiner geringeren Höhe wegen zog man den Moncenisiopaß der Hauptverbindung zwischen Frankreich und Rom vor. Um die Jahrtausendwende gründete der Hl. Bernhard de Menthon zwei Hospize in unmittelbarer Nähe der beiden Pässe und vertrieb so die Sarazener, die schon lange Zeit das Tal unsicher gemacht hatten. Bereits 1040 wird der Mont Blanc als ,,Rupes Alba" in einem französischen kirchlichen Dokument genannt.

Im Jahre 1032 wurde Umberto Biancamano von Konrad dem Salier mit der Grafschaft Aosta betraut; damals entstand der erste Nukleus des Hauses Savoyen, das dann bis zur Gründung des italienischen Königreiches im Jahre 1861 einen eigenständigen Staat bildete. 1235 wurde durch den Simplonpaß und den St. Gotthardpaß das Straßennetz tiefgreifend verändert und der Große St. Bernhardpaß verlor an Bedeutung; auch der Kleine St. Bernhardpaß verlor an Bedeutung, da der Moncenisiopaß von der Ausdehnungspolitik des Hauses Savoyen, das die Kontrolle über Susa und Piemont erringen wollte, bevorzugt wurde. Zwischen dem 6. und 12. Jh. erfolgte ein stetiger Bevölkerungszuwachs und es wurden mehrere neue Siedlungen und Dörfer gegründet. Eine Art autonome Regierung entstand gegen Ende des Jahres 1300 als im Tale die ,,Congregazione dei Tre Stati" gegründet wurde, die neue Gesetze auf politischer, juridischer und verwaltungsmäßiger Ebene erließ. Gegen Ende des Mittelalters, als das Papsttum nach Avignon verlegt wurde, verlor das Aostatal immer mehr an Bedeutung. Die ersten Anzeichen der kalvinistischen Reform gewahrte man 1535 in der nahen Schweiz; im darauffolgenden Jahr wurde Calvin, der in Aosta seine Ideen predigte, von der einheimischen Bevölkerung verjagt. 1560 wurde die Hauptstadt Savoyens nach Turin verlegt und brachte einen weiteren Rückfall der Pässe des Aostatales mit sich; im Jahre 1561 wurde in öffentlichen Urkunden, trotz vereinzeltem Widerstand, die lateinische Sprache mit der französischen ersetzt. Ab 1600 brachten eine Reihe von Kriegshandlungen und natürlichen Katastrophen Trauer und Misere ins Tal, denen sich 1630 noch eine verheerende Pest anschloß. Die Wirtschaft des Tales ging in Brüche und die Einwohnerzahl, die 105.000 Personen aufwies, ging auf 35.000 zurück. Zwischen Ende des 17. und Anfang des 18. Jhs. erlitt das Tal durch die Franzosen Überfälle, Gewalttätigkeiten und Verwüstungen. Gegen Ende des 18. Jhs. verstärkte Savoyen seine zentralinistischen Bestrebungen und versetzte sogar die ,,Congregazione dei Tre Stati"; gleichzeitig nahm jedoch die Bevölkerungsanzahl wieder zu. Schon bald wurde das Tal von den ersten Anzeichen der französischen Revolution heimgesucht und von den Franzosen besetzt, die im Tal die Kokarde Trikolore hissten. Die Lage war äußerst gespannt und man stand am Rande eines Kriegsausbruches, als eine kurze Besetzung von Seiten der Österreicher erfolgte, die bis zur Wiedereroberung Napoleons mit der Errichtung des Departments Dora (das bis 1814 dauerte) anhielt. Inzwischen wuchsen auch neue Infrastrukturen und öffneten das Tal dem Fremdenverkehr, der ein Paradies für Wanderer und besonders für Bergsteiger vorfand. Schwache Industrialisierungsversuche unterbrechen kurz das Phänomen der Auswanderung. Nachdem Savoyen zu Frankreich (1860) gekommen war und der Bahndurchbruch Frejius realisiert wurde, verminderte sich wieder die Bedeutung des

Tales und seiner Straßen. Erst Anfang dieses Jahrhunderts erfuhr das Tal durch den Mineralabbau einen Aufschwung, der auch eine Bevölkerungszunahme mit sich brachte. Heute ist das Aostatal eine Autonome Region mit Spezialstatut, das mit Gesetz vom 26. Februar 1948 anerkannt wurde. Die Amtssprachen sind italienisch und französisch, die Ende des zweiten Weltkrieges von der Region eingeführt wurden.

Der Großteil der Talbevölkerung spricht noch den „Patois", eine Art franko-provenzalen Dialekts; im Gebiet von Gressoney existiert eine kleine Sprachinsel wo man einen deutschähnlichen Dialekt (Walser) spricht. Vom Valsesia wissen wir genau, daß es von Angehörigen des ligurischen Stammes bewohnt war, bevor es von den Römern (34 v. Chr.) erobert wurde. In der Folge (Zeit der Langobarden) war es zuerst Teil des Herzogtums von Isola S. Giulio und später ein Teil der Mark Ivrea und anderer lokaler Herrschaften. Im 13. Jh. bildete sich eine Art Autonomie mit eigenen Statuten im Rahmen einer „Università di Comuni" (eine Art Gemeindeverband), mit dem Sitz in Varallo. Auch diese kleine Verwaltungseinheit gehörte zuerst zum Römisch-Deutschen-Kaiserreich, später zu Mailand und zum spanischen Imperium bis sie schließlich in die Hände von Savoyen fiel (18. Jh.).

Wie verhält man sich während der Wanderungen?

Das Wandern in einer fast unberührten, natürlichen Landschaft stellt für den Menschen ein einzigartiges Erlebnis dar. Will der Wanderer Erholung und Genugtuung finden, sollte er einige Ratschläge befolgen. Unerfahrene Personen sollten vor allem nur leichte Touren unternehmen, die bei normalen Wetterverhältnissen ohne Hilfe eines Führers durchgeführt werden können. Gebirgstouren verlangen eine besondere Erfahrung oder die Begleitung eines Bergführers. Die Grundausrüstung eines Wanderers sollte aus folgendem bestehen: Bergschuhe oder Stiefel mit Profilsohlen, geeignete Bekleidung, Rucksack, Regenschutz, Taschenapotheke, Sonnenschutz (Sonnenöl) und Wanderkarte. Eine Taschenlampe, ein Kompaß und ein Höhenmesser sind weitere wertvolle Hilfsmittel. Vor Beginn einer Tour sollte man sich über den Zustand und die Länge der Strecke genau informieren, sowie auch über den Schwierigkeitsgrad, ohne zu vergessen, die körperliche Verfassung eines jeden zu überprüfen. Außerdem sollten die Wetterverhältnisse und die örtlichen Verhältnisse beachtet werden, auch unter Befragung der einheimischen Bevölkerung.

Höhenwege

Die Höhenwege können von guten Wanderern ohne besondere Schwierigkeiten begangen werden. Bergerfahrung und Sicherheit sind hingegen für die Varianten notwendig, die zu den Gipfeln und über Klettersteige führen. In jedem Falle ist eine gute Bergausrüstung von großer Wichtigkeit: gutes Schuhwerk, warme Kleidung und Regenschutz, denn die Höhenwege verlaufen auf einer Höhe zwischen 2000 und 2600 m und sind daher zu jeder Jahreszeit plötzlichen Wetterumschwüngen ausgesetzt.

Aostatal-Höhenweg Nr. 1 (Alta Via della Valle d'Aosta)

Von diesem Höhenweg, der vom Ing. A. Ceresa angelegt wurde, können wir einen Teil der ersten Etappe, von Gressoney-St.-Jean nach Crest, erwandern. Für die Fortsetzung siehe die KOMPASS-Wanderkarte Nr. 87 „Breuil-Cervinia-Zermatt" und Nr. 85 „Monte Bianco/Mont Blanc". Markierung: △1 rot.

Etappe Nr. 1:

Von Gressoney-St.-Jean zum Rifugio Ferraro (St. Jacques); Gehzeit: ca. 9 Std.

Von Gressoney-St.-Jean nach Chemonal, 1407 m, entlang der Talstraße, ca. 15 Min. Von Chemonal auf den Colle di Pinter, 2777 m, ca. 5 Std. Vom Paß hinab nach Crest, 1935 m, vorbei an Lavassey und Cunéaz, ca. 2 Std. Von Crest zum Rifugio Ferraro und von dort nach St. Jacques, 1689 m, ca. 1.45-2 Std.

„Grande Traversata delle Alpi" (Große Alpendurchquerung)

Die „Grande Traversata delle Alpi" (GTA) („Die große Alpendurchquerung") – stellt einen Weitwanderweg von über 1000 km dar, der 5 Provinzen durchquert und von den Seealpen (Alpi Marittime) bis zum Lago Maggiore führt. Von der Hauptstrecke starten Rundwanderwege, die ein besseres Kennenlernen besonderer Gebiete gestatten und dann wieder zum Ausgangspunkt zurückkehren. Der Wegverlauf ist mit über 120 Stützpunkten versehen, mit Unterkunftsmöglichkeiten, die sich wenn möglich, in den bewohnten Ortschaften befinden. Auf der vorliegenden Karte kann eine Teilstrecke vom Rifugio Rivetti im unteren Kartenteil bis Alagna Valsesia und von dort nach Macugnaga oder Carcoforo verfolgen.

Etappe Nr. 1:

Vom Rifugio Rivetti nach Riva Valdobbia; Gehzeit: ca. 6 Std.

Vom Rifugio Rivetti, 2201 m, über den Colle Loozeney, 2395 m, von dort weiter zum Lago Nero und zur Alpe Camino. Der weitere Wegverlauf führt dem Torrente Maccagno entlang und man erreicht durch das Val Vogna Riva Valdobbia, 1112 m.

Etappe Nr. 2:

Von Riva Valdobbia nach Rima im Valle Sermenza über die Variante Colonie Walser; Gehzeit: ca. 7 Std.

Von Riva Valdobbia aus erreicht man Alagna Valsesia, wo der Aufstieg auf den Colle Mud, 2324 m, beginnt; von dort steigt man nach Rima, 1411 m, über die Alpe Vorco und die Alpe Valmontasca, ab.

Etappe Nr. 3:

Von Rima nach Carcoforo im Val d'Egua, auf der Variante Colonie Walser; Gehzeit: ca. 5 Std.

Von Rima hinauf zum Colle del Termo, 2531 m, vorbei an der Alpe Chiaffera; vom Paß steigt man zur Alpe Trasinera ab und erreicht dann Carcoforo.

Etappe Nr. 4:

Von Alagna Valsesia nach Borca di Macugnaga im Valle Anzasca; Gehzeit: ca. 7-8 Std.

Von Alagna am Fluß entlang, durchs Tal hinauf und über S. Antonio nach Alpe Blatte, 1603 m; von dort folgt man dem Wanderweg zum Colle del Turlo, 2738 m, wobei man über Alpe Fallar und Alpe Grafenboden aufsteigt. Vom Paß steigt man durch das Val Quarazza zum Ziel ab, wobei man am Bivacco Lanti, 2150 m, an den Ruinen der Alpe Schena, an Piana und an la Città morta (aufgelassene Bergwerke und Bergbaumuseum) vorbeikommt.

Monte-Rosa-Tour

Auf vorliegender Karte ist die Monte-Rosa-Tour beinahe zur Gänze dargestellt; sie zieht sich zwischen Italien und der Schweiz um das Monte-Rosa-Massiv. Aus praktischen Gründen beginnen wir die Beschreibung dieses Höhenweges ab Alagna Valsesia, in der unvergleichlich schönen Bergwelt des Valgrande. Von

Alagna Valsesia, 1191 m, zum Passo Foric, 2432 m, 2.30 Std. Vom Passo Foric nach Tschaval, 1825 m, im Valle di Gressoney, 3.30 Std. Von Tschaval geht es zum Colle di Bettaforca, 2672 m, 2.40 Std. Vom Colle di Bettaforca nach Resy, 2072 m, 1.10 Std. Von hier geht es nach Zermatt in die Schweiz; dieser Wegabschnitt ist auf der KOMPASS Wanderkarte Nr. 87 „Breuil-Cervinia-Zermatt" ersichtlich. Von Resy steigt man ins Val d'Ayas ab, um dann wieder aufwärts zum Colle Superiore delle Cime Bianche, 2982 m, zu gelangen, ca. 4 Std. Vom Colle Superiore delle Cime Bianche geht es zum Passo del Teodulo, 3290 m, Grenzpunkt zwischen Italien und Schweiz, 3.45 Std. Vom Passo del Teodulo nun nach Zermatt, 1616 m, 4 Std. Jetzt führt der Weg nach Norden durch das Mattertal, dann dreht er nach Süden auf der Westseite des Saastales. Weiter geht die Beschreibung nun ab Saas-Fee, 1800 m; weiter nach Saas-Almagell, 1673 m, ca. 50 Min., dem Stausee von Mattmark entlang und wieder aufwärts zum Passo di Monte Moro, 2868 m, der die Grenze zwischen Italien und der Schweiz darstellt, 5 Std. Vom Passo di Monte Moro nach Staffa, 1249 m, 2.30 Std. Von Staffa auf den Colle del Turlo, 2738 m, 5 Std. Vom Colle del Turlo zurück nach Alagna Valsesia, 1191 m, 3 Std.

Der große Walser-Weg

Die Strecke führt über alte Saumpfade und Wanderwegen, die die Walser, ein antikes Volk deutschen Ursprungs, im Mittelalter benutzten, um sich in mehr als 150 Ortschaften des Wallis, des Tessin, Graubünden, Norditalien und Vorarlberg (Österreich) niederzulassen. Die Walser entwickelten eine besondere Anbautechnik und Siedlungsart im Alpenraum; sie beanspruchten dann ihr Erbfolgerecht und wurden die Einwohner dieser Bergtäler, die bis zur damaligen Zeit kaum besiedelt waren und heute stellen sie noch immer die geographisch höchstgelegenen Siedler Europas dar. Sehr charakteristisch ist die typische Bauweise der Dörfer mit Häusern, die auf Steinsockeln Holzaufbauten präsentieren. In diesem schwierigen Gebiet widmeten sich die Walser mit Erfolg der Landwirtschaft und der Viehzucht, aber auch den verschiedenen Handelszweigen und erwarben sich somit allseits einen guten Ruf als Handels- und Kaufleute. Entlang der Strecke können zahlreiche einheimische Museen besichtigt werden, die vorzugsweise in antiken Gebäuden oder aufgegebenen Bauernhäusern untergebracht sind. So z.B. das Walsermuseum Pedemonte (Alagna Valsesia), das in einem Bauernhaus aus dem Jahre 1628 untergebracht ist. Von großem Interesse sind auch das Alpenmuseum in Zermatt, das Saaser Museum in Saas-Fee, das Walser-Museum Borca (Macugnaga) und das Museum Monte Rosa in Staffa (Macugnaga).

Alpengasthöfe und Unterkunftshütte

Wir übernehmen keinerlei Verantwortung für die Angaben. Bevor Sie eine Wanderung unternehmen, erfragen Sie bitte im Talort die Bewirtschaftungszeiten der Schutzhütten.

Monte Rosa

Alpe Hinderbalmo, Bivacco, 2000 m (B 4), auf der orographischen linken Seite des oberen Valle Anzasca. Zugang: von Pecetto, Wanderweg, 1.45 Std. Übergang: zur Capanna E. Sella, auf Wanderweg über A. Roffel und A. Roffelstaffel, ca. 6 Std.

Barba Ferrero, Capanna, 2240 m (B 5), bei den Endmoränen des Sesiagletschers. Zugang: von der Alpe Blatte über A. Fonkegno und A. Tonflua, ca. 2 Std. Übergang: zur Capanna Gugliermina, 3 Std. (nur für Geübte, schwierige Fels- und Gletscherquerung).

Belloni, Bivacco, 2500 m ((B 4), am Fuße des vom Fillarhorn herablaufenden Felskammes. Zugang: von Pecetto über A. Roffelstaffel und A. Fillar, von dort über die felsigen Hänge des Fillarhorns zum Biwak, ca. 3.30 Std.

Boffalora, Rifugio, 1635 m (C 5), CAI, im oberen Val d'Egua. Zugang: von Carcoforo über i Giac, ca. 1 Std. Übergänge: zum Passo di Tignaga, 2472 m, über den Pian delle Rose und der Alpe Giaset, ca. 2.30 Std.; auf den Colle d'Egua, 2239 m, über die A. Sellette, ca. 2.15 Std.

C.A.I., Ricovero, 1889 m (B 8), CAI, auf der Alpe Campo (Valle Artogna). Zugang: Wanderweg von Campertogno, über Otra, Oratorio di Campello, Canvaccia und C. di Sopra, 3 Std. Übergänge: auf den Colle della Meia, 2649 m, über die Alpe Scanetti und die Alpe Giare, 3 Std.; nach Riva Valdobbia, 1112 m, über die Bocchetta d'Ea, 2288 m, A. Laghetto Stella und A. Stella, ca. 4 Std.

C.A.I., Ricovero, 1649 m (C 9), CAI, auf der Alpe il Toso. Zugang: Wanderweg von Rassa über Alpe Sorba und A. Mazzucco, 2 Std. Übergang: zum Rifugio Rivetti, Wanderweg über Alpe Lamaccia, A. del Prato und Bocchetta Niel, 2501 m, ca. 3 Std.

Ç.A.I. Saronno, Rifugio, 1932 m (B 4), im oberen Valle Anzasca. Zugang: Sessellift von Pecetto. Übergang: zum Bivacco Belloni, ca. 2 Std.

Città di Gallarate, Bivacco, 3969 m (B 4), in der Nähe des Jägerhorns. Zugang: von Pecetto im Valle Anzasca aus folgt man den Weg zum Bivacco Belloni (siehe dort), dann weiter hinauf zum Ziel über den Jägerrücken, ca. 7 Std. (nur für Geübte). Übergänge: zum Rifugio Monte Rosa, über den gleichnamigen Gletscher, ca. 4-5 Std. (nur für Geübte, schwierige Fels- und Eisquerungen); zum Rif. Osservatorio Regina Margherita, entlang des Bergkammes, ca. 4 Std. (nur für Geübte).

Città di Mantova, Rifugio, 3470 m (B 6), Società Guide Gressoney. Am Felskamm, der den Garstelet-Gletscher begrenzt und ihn vom Indren-Gletscher trennt. Zugänge: von Ciaval, der Markierung nach A. Lavetz folgend und nahe vorbei am Lago Verde und an den Ruinen der Linty-Schutzhütte, insgesamt ca. 4 Std.; von der Bergstation der P.ta-Indren-Seilbahn, 1 Std. (nur für Geübte, Gletscher- und Felsquerung). Übergänge: zu den zahlreichen Biwaks und Schutzhütten in der Umgebung.

Città di Mortara, Rifugio, 1945 m (B 6), im Valle d'Olen. Zugang: Wanderweg von Alagna Valsesia, ca. 2.30 Std. Übergänge: zum Rifugio Crespi Calderini, Wanderweg über die Bocchetta delle Pisse, 2396 m, ca. 2.30 Std.; zum Rifugio Guglielmina und zum Rifugio Città di Vigevano, Wanderweg über die Alpe Pianalunga und Sasso del Diavolo, ca. 3 Std.

Città di Vigevano, Rifugio, 2881 m (B 6), in der Nähe des Colle d'Olen. Zugang: von Gressoney la Trinité über Gruebe und dem Rifugio Gabiet, dann über den Colle d'Olen, 2881 m, ca. 5 Std. Übergänge: zum Rifugio Città di Mortara, 2.30 Std.; zum Bivacco Ravelli, über den Passo Foric, 2472 m und Pianmisura, ca. 4.30 Std.

Crespi Calderini, Rifugio, 1830 m (B 6), in der Nähe der Alpe Bors (oberes Valsesia). Zugang: Wanderweg vom Ende der Talstraße über A. Blatte, 45 Min. Übergänge: zum Rifugio Città di Mortara, auf Wanderweg über die Bocchetta delle Pisse, 2396 m, 2.45 Std.; zum Rifugio Città di Vigevano, über die Alpe la Balme und C. Miniere, ca. 3 Std.

delle Guide Frachey, Rifugio, 2080 m (A 6), privat, in der Nähe von Resy. Zugang: von St. Jacques, 45 Min. Übergänge: zum Rif. Mezzalama, 3036 m, Wanderweg durch den Vallone di Verra, ca. 3.30 Std.

del Lys, Rifugio, 2342 m (AB 6), CAI Gallarate, nicht weit vom Lago Gabiet und vom gleichnamigen Schutzhaus. Zugang: von Ciaval, 1.30 Std. Übergänge: zum Rifugio Gabiet, 15 Min.; zum Rifugio Città di Vigevano, ca. 2 Std.

Felice Giordano al Balmenhorn, Bivacco, 4167 m (B 5), auf der orographisch linken Seite des östlichen Lysgletschers. Zugang: von Ciaval über A. Lavetz, Rifugio Città di Mantova und Rifugio Gnifetti, teilweise über den Garstelet-Gletscher und den östlichen Lysgletscher aufsteigend, ca. 8 Std. (nur für Geübte). Übergänge: zur Capanna Gugliermina über den Colle delle Piode, 4285 m, ca. 5 Std. (nur für Geübte, schwierige Fels- und Gletscherquerung); zum Rifugio Osservatorio Regina Margherita, 3 Std. (nur für Geübte, schwierige Fels- und Gletscherquerung).

Ferioli, Rifugio, 2264 m (C 6), in der Nähe des Colle di Mud (auf der orographisch linken Seite des oberen Valsesia). Zugang: von Alagna Valsesia, der Variante des GTA nach Carcoforo folgend, ca. 3.30 Std.

Ferraro, Rifugio, 2066 m (A 6), Privatlokal auf der orographisch rechten Seite des Vallone della Forca. Zugang: von St. Jaques, 1 Std. (siehe KOMPASS-Wanderkarte Nr. 87 ,,Breuil-Cervinia-Zermatt").

Fluhalp-Touristen-Haus, 2610 m (A 3), Privatlokal in der Nähe der Moräne auf der orographisch rechten Seite des Findeln-Gletschers. Zugang: Wanderweg von Findeln, 2 Std. Übergänge: zur Blauherd-Skihütte, 30 Min.; zum Kulmhotel, 4 Std.

Gabiet, Rifugio, 2357 m (B 6), CAI Gressoney, in der Nähe des gleichnamigen Sees. Zugang: von Gressoney la Trinité, ca. 3 Std. Übergänge: zum Rifugio del Lys, 15 Min.; zum Rifugio Città di Vigevano, über den Colle d'Olen, 2881 m, ca. 2 Std.; zum Bivacco Ravelli, über den Passo di Uomo Storto, 2880 m, ca. 4 Std.

Gastaldi, Bivacco, 2560 m (B 7), CAI Gressoney, im oberen Vallone di Netscio (orographisch linke Seite des Valle di Gressoney). Zugang: Wanderweg von Gressoney, ca. 3.30 Std.

Gnifetti, Rifugio, 3647 m (B 5/6), CAI Varallo, in der Nähe eines aus dem Garstelet-Gletscher aufragenden Felssporns. Zugang: von Gabiet, 2350 m (bis dort auch mit der Seilbahn), Wanderweg, ca. 4 Std. (mittel). Übergang: zum Biv. Felice Giordano al Balmenhorn, ca. 3 Std. (nur für Geübte).

Guglielmina, Rifugio, 2881 m (B 6), privat, in der Nähe des Colle d'Olen. Zugang: von Gressoney-la-Trinité, Wanderweg über die Hütte Rif. Gabiet, den Colle d'Olen 2881 m, überschreitend, ca. 5 Std. Übergänge: zum Rif. Città di Mortara, 2.30 Std.; zum Biv. Ravelli über den Passo Foric, 2432 m, und Pianmisura, ca. 4.30 Std.

Gugliermina, Capanna (Valsesia), 3260 m (B 5), am Talschluß des Valsesia. Zugang: Wanderweg von S. Antonio (auf der Talstraße durch das Valsesia) über A. Pile und A. Bors, dann hinauf zum Ziel über den Südosthang des M. Rosa, insgesamt ca. 6 Std. (nur für Geübte). Übergang: zur Capanna Barba Ferrero, 2.30 Std.

Guide di Ayas, Rifugio, 3425 m (A 5), auf dem Kamm der die Verralgletscher trennt. Zugang: vom Rif. Mezzalama, ca. 1.30 Std. Übergang: zum Biwak Rossi e Volante, 1.30 Std. (nur für Geübte).

Kulmhotel, 3131 m (A 4), Privatlokal am Gornergrat (Bergstation der Eisenbahn von Zermatt). Zugang: mit der Bahn oder zu Fuß von Zermatt, vorbei an den Gasthöfen Riffelalp und Riffelberg, ca. 5 Std. Übergänge: zur Monte-Rosa-Hütte, über dem Gornergletscher, 4 Std. (nur für Geübte); zur Blauherd-Skihütte, 4 Std.

Lanti, Bivacco, 2150 m (C 5), am Ende des Val Quarazza. Zugang: von Borca di Macugnaga, hinauf durchs Tal über Città Morta, Piana und A. Schena, ca. 3 Std. Übergänge: zum Rifugio A. Massero, Wanderweg über die Alpe Schena und den Colle della Bottiglia, 2607 m, ca. 3 Std.

Marinelli, Rifugio, 3036 m (B 5), oberhalb der gleichnamigen Schlucht (Valle Anzasca). Zugang: von Pecetto, über das Rifugio Zamboni-Zappa, weiter bis zum Lago delle Loccie und von dort hinauf über den Felskamm zwischen dem M. Rosa- und Nordendgletscher, ca. 6 Std. (nur für Geübte).

Massero A., Rifugio, 2082 m (C 5), an den Osthängen des Pizzo Montevecchio (oberes Val d'Egua). Zugang: Wanderweg von Carcoforo über Coste, A. Fornetto, ca. 2.30 Std. Übergang: zum Bivacco Lanti, Wanderweg über den Colle della Bottiglia, 2607 m, und über die Alpe Schena, ca. 3 Std.

Mezzalama, Rifugio, 3036 m (A 5), CAI Torino, am Felskamm, der die Verralgletscher teilt. Zugang: von St. Jaques (Valle d'Ayas, siehe auch KOMPASS-Wanderkarte Nr. 87 ,,Breuil-Cervinia-Zermatt"), der Wanderweg führt durch den Vallone di Verra, 4 Std. Übergang: zum Bivacco Rossi e Volante, über den Verralgletscher, 2.30 Std. (nur für Geübte). Zum Rif. Guide di Ayas, ca. 1.30 Std.

Monte-Rosa-Hütte, (Bétempshütte), 2795 m (A 4), CAS Martigny, am Rande der Gletschermoränen des Monte Rosa auf der Schweizer Seite. Zugang: von der Bahnstation Rotenboden, ca. 3 Std. (nur für Geübte, Gletscherquerung). Übergänge: zum Biwak Felice Giordano al Balmenhorn, über den Colle del Lys, 4228 m, ca. 6 Std. (nur für Geübte, schwierige Gletscher- und Felsquerung); zum Rifugio Osservatorio Regina Margherita, 7 Std. (nur für Geübte, schwierige Gletscher- und Felsquerung); zum Kulmhotel, über den weiten Gorner-Gletscher, ca. 4 Std. (nur für Geübte).

Oberto Gaspare, Rifugio (Città di Malnate), 2786 m (C 3/4), CAI, in der Nähe des Monte Moro. Zugang: Seilbahn von Staffa di Macugnaga oder zu Fuß, ca. 6 Std. Übergang: nach Saas Almagell, 1673 m, Wanderweg über den Passo di Monte Moro, 2868 m, von dort steigt man durchs Saastal ab, ca. 3-4 Std.

Osp. Sottile, Rifugio, 2480 m (B 8), in der Nähe des Colle Valdobbia (am Ende des Val Vogna). Zugänge: von Valdobbia (Valle di Gressoney), Wanderweg über den gleichnamigen Paß, ca. 4 Std.; von S. Antonio im Val Vogna (bis dort auch mit dem Auto), folgt man dem mit GTA markierten Weg bis Montata, von dort steigt man über die A. Solino auf, ca. 3.30 Std. Übergang: zum Bivacco Gastaldi, Wanderweg über den Passo di Valdobbiola, 2635 m, und den Passo dell'Alpetto, 2774 m, von dort auf der linken Seite zum Lago Nero und hinauf über die Bocchetta di Netscio, 3107 m, ca. 5 Std.

Pastore F., Rifugio, 1575 m (B 6), nahe der Alpe Pile (oberes Valsesia). Zugang: von S. Antonio (Talstraße), Wanderweg, ca. 30 Min. Übergänge: zum Rifugio Crespi Calderini, auf dem Wanderweg über Cas. Lunga, 45 Min.; zur Capanna Barba Ferrero, A. Blatte und A. Safejaz superiore, ca. 2.30 Std.; zur Capanna Gugliermina, teilweise dem vorherigen Weg folgend, ca. 5 Std.

Ravelli, Bivacco, 2504 m (B 7), an den Nordosthängen der Punta di Uomo Storto. Zugang: von Alagna Valsesia über Resiga, Dorf, Scarpia, Pianmisura und A. Cuttiri, ca. 5 Std. Übergänge: zum Rifugio Gabiet, über den Passo di Uomo Storto, 2880 m, und nach Schwarzblatten, ca. 3 Std.; zum Bivacco Gastaldi, über den Passo di Uomo Storto, durch das Vallone di Spisse und hinauf durch den Vallone di Netscio bis zum Biwak, ca. 3 Std.

Regina Margherita, Rifugio Osservatorio, 4559 m (B 5), in der Nähe der Signalkuppe, es handelt sich um die höchstgelegene Schutzhütte Europas. Zugang: von S. Antonio über die Alpe Blatte, weiter auf dem Weg über A. Safejaz superiore, vorbei an der Capanna Barba Ferrero und über den Vignegletscher, schließlich hinauf über den Signale-Kamm, ca. 9 Std. (nur für Geübte); zum Rifugio Monte Rosa, über den gleichnamigen Gletscher, ca. 5 Std. (nur für Geübte); zum Bivacco Città di Gallarate, ca. 4 Std. (nur für Geübte).

Resegotti, Capanna, 3624 m (B 5), an den Hängen der Costa del Signale. Zugang: von der Capanna Barba Ferrero (siehe dort), Wanderweg, ca. 4 Std. (nur für Geübte) Übergang: zum Rifugio Oss. Regina Margherita, ca. 3 Std. (nur für Geübte).

Riffelalp, Hotel, 2222 m (A 3), Privatlokal auf der gleichnamigen Alm. Zugang: von Zermatt über den Vord. Wälder, 2.30 Std. Übergänge: zum Hotel Riffelberg, 1 Std.; zum Kulmhotel, über das Riffelberg Hotel, 2.30 Std.; zum Touristen-Haus Fluhalp, über Ze Seewjinen und dem Grünsee, 2 Std.

Riffelberg, Hotel, 2562 m (A 4), Privatlokal auf der gleichnamigen Alm. Zugang und Übergänge: siehe unter Hotel Riffelalp.

Rivetti, Rifugio, 2201 m (B 9), an den Südhängen der P.ta Tre Vescovi. Zugang: von Piedicavallo (außerhalb der Karte). Übergang: zum Bivacco CAI nahe der Alpe il Toso, 1649 m, Wanderweg über P.ta Tre Vescovi, A. del Prato und A. Lamaccia, ca. 3 Std.

Rossi e Volante, Bivacco, 3750 m (A 5), CAI-UGET Torino, auf einem Felsvorsprung am Verra-Gletscher. Zugang: vom Rifugio Mezzalama über den Verra-Gletscher, 2.30 Std. (nur für Geübte). Übergang: zur Monte-Rosa-Hütte, über den Gletscherhang auf Schweizer Seite, ca. 5.30 Std. (nur für Geübte).

Sella E., Capanna, 3029 m (B 4), an den Osthängen der Neuen Weißtor-Spitze. Zugang: von Pecetto über die Alpe Roffelstaffel, ca. 6 Std.

Sella Quintino, Rifugio, 3585 m (A 5/6), CAI Biella, an einem Felsvorsprung am unteren Ende des Felik-Gletschers. Zugänge: von St. Jacques (Valle d'Ayas), man folgt der Markierung bis zum Colle della Bettaforca, 2672 m, dort nach links zur Schutzhütte, ca. 6 Std.; von Ciaval (Valle di Gressoney) folgt man der Markierung bis zum Colle della Bettaforca, von dort über den vorher beschriebenen Weg zum Ziel, ca. 6-7 Std. Übergang: zur Monte-Rosa-Hütte, über das Felikjoch, 4061 m (nur für Geübte, schwierige Gletscher- und Felsquerung), ca. 6-7 Std.

Ulrich Lateltin, Bivacco, 3132 m (A 7), Unterkunft am Felskamm, der den Mt. Pinter mit der Testa Grigia verbindet. Zugänge: von Gressoney-la-Trinité, Wanderweg, ca. 4 Std.; von Champoluc (Valle d'Ayas), über Crest, Cunéaz und C.le di Pinter, 2777 m, ca. 5-6 Std. Übergang: zur Testa Grigia, 3315 m, ca. 45 Min. (nur für Geübte).

Zamboni-Zappa, Rifugio, 2070 m (B 4), an der rechten Seitenmoräne des Belvedere-Gletschers. Zugang: von Pecetto im Valle Anzasca, über die Alpe Burki, ca. 2.30 Std. Übergänge: zum Rifugio Marinelli, ca. 3 Std. (nur für Geübte, schwierige Fels- und Gletscherquerung); zum Bivacco Belloni, ca. 2 Std.

Andolla

Almageller-Hütte, 2860 m (C 1), C.A.S. Neubau an den Südhängen des Weißmies. Zugang: Wanderweg von Saas-Almagell auf die Almagelleralp und durch das Weißtal hinauf bis zur Schutzhütte, ca. 4 Std.

Andolla, Rifugio, 2061 m (C 2), an den Osthängen der gleichnamigen Spitze. Zugang: von der Alpe Cheggio (bis dort auch mit Auto) auf dem Wanderweg, der am Stausee A. dei Cavalli entlangführt nach A. Ronchelli und A. Campolamana, dann weiter dem Torrente Loranco entlang zum Ziel, 2.45 Std. Übergang: auf den Passo d'Andolla, 2418 m, 1 Std.

Antigine, Bivacco, 2985 m (C 3), Unterkunft am gleichnamigen Paß. Zugänge: Markierung ab der Mauer des Staubeckens von Camplicciol (bis dort auch mit Auto) über A. Granarioli, A. Sasso und A. Casonotto und von dort zum Ziel, ca. 4 Std.; vom Ostufer des Stausees von Mattmark (auf Schweizer Seite), bis dort auch mit Auto, dann hinauf durch das Ofental, ca. 3 Std.

Camposecco, Bivacco, 2335 m (C 2), Unterkunft in der Nähe der Staumauer des gleichnamigen Stausees. Zugang: Wanderweg vom Stausee Camplicciol (bis dort auch mit dem Auto), über A. Banella, A. Loraccio, ca. 3 Std. Übergang: zum Bivacco Città di Varese, Markierung über die Coronette di Camposecco, 2697 m, ca. 2 Std.

Città di Novara, Rifugio, 1500 m (D 2), nahe der Alpe Cheggio im Val Loranco. Zugang: mit dem Auto von Antronapiana. Übergang: zum Rifugio Andolla, Wanderweg über die Alpe Fraccia, vorbei am Stausee A. dei Cavalli, weiter über die Alpe del Gabbio und Alpe Ronchelli, dann am Torrente Loranco entlang und hinauf zur Schutzhütte, ca. 2.45 Std.

Città di Varese, Bivacco, 2650 m (C 2), Unterkunft auf der orographisch linken Seite im Val Loranco. Zugang: vom Rifugio Andolla (siehe dort), Wanderweg, ca. 2 Std.

Longa, Bivacco, 2036 m (CD 4), Unterkunft nahe der A. Cortenero. Zugang: Wanderweg von Prequartera (Ceppo Morelli) über A. Colla und A. Cortenero, ca. 4 Std.

Michabel

Blauherd, Skihütte, 2601 m (A 3), auf der Findelnalp. Zugang: von Zermatt durch Aufstiegsanlagen; auf Wanderweg, ca. 3 Std. Übergang: zum Touristen-Haus Fluhalp, am Stellisee entlang, 30 Min.

Britannia, Hütte, 3030 m (B 2), CAS Genf, im oberen Saastal, an den Nordosthängen des Allalinhorns. Zugang: Wanderweg von der Bergstation der Seilbahn von Saas-Fee (Felskinn), 30 Min.

Längflue, Hotel, 2870 m (B 2), im Bereich von Längflue auf einem Felsvorsprung über dem Feegletscher. Zugang: mit der Seilbahn von Saas Fee oder zu Fuß, ca. 3.30 Std. Übergang: zum Mischabeljoch Biwak, ca. 4 Std. (nur für Geübte, schwierige Fels- und Gletscherquerung).

Mischabeljoch, Biwak, 3860 m (B 2), CAS Genf, in der Nähe des gleichnamigen Passes. Zugang: vom Hotel Längflue, 2870 m (siehe dort), ca. 4 Std. (nur für Geübte).

Mischabel, Hütten, 3340 m (B 1), es handelt sich um zwei nebeneinanderliegende Lokale im Besitze des „Club Alpino Accademico" von Zürich, an den Nordosthängen der Lenzspitze. Zugang: Wanderweg von Saas-Fee, ca. 4 Std.

Täsch, Hütte, 2701 m (A 2), CAS Zürich, an den Südwesthängen des Alphubel. Zugänge: von Täsch, Wanderweg über Täschberg, Eggenstadel, Stafelti und Ottavan, ca. 4 Std.; von Zermatt über Tufteren, Galen und Ottavan, ca. 6 Std.

Prealpi Biellesi

Monte Barone, Rifugio, 1610 m (D 9), Privatlokal an den Südosthängen der gleichnamigen Spitze. Siehe KOMPASS-Wanderkarte Nr. 97 „Omegna-Varallo-Lago d'Orta".

Dent Blanch

Weißhornhütte, 2932 m (A 2), CAS Basel, auf der orographisch linken Seite des Mattertales. Zugang: von Täsch, auf der orographisch linken Seite der Matter Vispa über Schaliachern, Rötiboden und Jatz, ca. 4 Std.

Alpines Notsignal: Sechsmal innerhalb einer Minute in regelmäßigen Zeitabständen ein sichtbares oder hörbares Zeichen geben und hierauf eine Pause von einer Minute eintreten lassen. Das gleiche wird wiederholt, bis Antwort erfolgt.

Antwort: Innerhalb einer Minute wird dreimal in regelmäßigen Zeitabständen ein sichtbares oder hörbares Zeichen gegeben.

ALAGNA VALSESIA

Gde. (B 6), Prov. Vercelli, Einw.: 432, Höhe: 1191 m, Postltz.: I-13021. **Auskunft:** Pro Loco (Verkehrsverein) Alagna Valsesia. **Bahnstation:** Varallo (35 km). **Bergbahnen:** Seilbahn, Sessellift, Skilifte.

Der Fremdenverkehrsort Alagna Valsesia liegt in der Provinz Vercelli am Fuße des Monte Rosa. Die Ortschaft liegt am Talboden, der vom Sesia durchflossen und von der Staatsstraße Nr. 299 „di Alagna" durchquert wird. Das international anerkannte Bergsteigerzentrum bildet einen idealen Ausgangspunkt für Wanderungen und Touren ins Monte-Rosa-Massiv. Zahlreiche Aufstiegsanlagen und ein dichtes Netz von Schutzhütten und Biwaks bilden vorzügliche Stützpunkte für Bergsteiger, Wanderer und Spaziergänger. Dieser einmalige Luftkurort wird das ganze Jahr über besucht und gewinnt ständig an Prestige, das vom guten Ruf herrührt, den er als Wintersportzentrum besitzt. Die schöne Bergwelt, die einmalige geographische Lage und eine noch intakte Umwelt bilden die Voraussetzungen für jene, die sich fernab des täglichen Stresses erholen wollen. Die einheimische Bevölkerung stammt – wie jene der umliegenden Täler – von den aus dem Wallis um 1200 eingewanderten Menschen ab. Zeugnisse dieser Tatsache sind im lokalen Dialekt der Walser (der dem Deutschen ähnlich ist) und in der Schreibweise vieler Ortsnamen zu finden. Der wirtschaftliche Aufschwung des Tales erfolgte im 16. Jh. mit dem Abbau von Gold (heute sind diese Goldvorkommen erschöpft oder ihre Nutzung ist unrentabel). In der Mitte des vorigen Jahrhunderts wurde der Ort durch die Erstbesteigungen in der Monte-Rosa-Gruppe in Bergsteigerkreisen bekannt. Alagna ist die Heimat der Brüder D'Enrico, bekannte Bildhauer und Maler (16. Jh.).

Sehenswert im Ort und in der Umgebung

Die **Pfarrkirche** (16. Jh.) im spätgotischen Stile; sie ist Johannes d. T. geweiht und erfuhr in ihrem Inneren eine barocke Umgestaltung. Die Kirche enthält interessante Kunstwerke, darunter einige Statuen von Giovanni D'Enrico. Die **Reste** des alten Schlosses neben dem **Steiner-Haus**. In Pedemonte das **Walser-Museum**, ein völkerkundliches Museum, das in einem Bauernhaus aus dem Jahre 1628 eingerichtet wurde.

Spazierwege und Bergtouren

Nach Rima, 1411 m, dem Walser-Weg über den Colle Mud, 2324 m, folgend und dann absteigend durch das Valmontasca zum Ziel, ca. 6 Std. Nach S. Giuseppe, 1113 m, Wanderweg über S. Nicolao, A. Campo, die Bocchetta di Moanda, 2422 m, A. Balma und A. la Piana, von wo aus man durchs Valle Nonal absteigt, ca. 6 Sd. Auf den Pizzo Montevecchio, 2625 m, Wanderweg von S. Antonio über Alpe Jazza, den Colle Piglimò, 2485 m, und Lavazei, von dort dem Lago del Toro entlang zum Ziel, ca. 8 Std. Auf die Bocchetta delle Pisse, 2396 m, von Alagna über die Alpe Stofful, vorbei am Corno d'Olen und am Lago del Corno, ca. 3.30 Std. Wanderung nach Gressoney-la-Trinité, 1624 m, über den Col d'Olen, 2881 m, man wandert dabei am Dosso und am Rifugio Città di Mortara vorbei, gelangt zur A. Pianalunga und erreicht schließlich den Col d'Olen (in der Nähe das Rifugio Città di Vigevano und das Rifugio Guglielmina), von dort steigt man über das Rifugio del Lys und di P.ta Jolanda zum Ziel ab, insgesamt ca. 9 Std. Zu den Tailly-Seen, auf dem Wanderweg im Val d'Otro über Resiga und A. Tailly, ca. 3.30 Std. Nach Borca di Macugnaga, 1195 m, auf dem Walser-Weg über A. Jazza superiore und A. Faller, von dort weiter über den Colle del Turlo, 2738 m, dann ins Val Quarazza absteigend (auf der rechten Seite das Biwak Lanti), vorbei an der A. Schena, la Piana, Città Morta und Quarazza und zum Ziel, insgesamt ca. 8 Std. Zu den zahlreichen Schutzhütten und Biwaks der Umgebung (siehe im entsprechenden Verzeichnis).

ANTRONA-SCHIERANCO

Gde. (D 2), Prov. Verbania, Einw.: 644, Höhe: 600/3656. Postltz.: I-28030. **Auskunft:** Municipio (Gemeinde) Antrona-Schieranco. **Bahnstation:** Villadossola (16 km).

Das weitverzweigte Gemeindegebiet von Antrona-Schieranco liegt am Talschluß des Valle di Antrona und wird vom Torrente Ovesca durchflossen. Der Hauptort Antronapiana liegt am Zusammenfluß dieses Wasserlaufes mit dem Loranco, welcher das gleichnamige Tal durchfließt. Der Ort wird von beeindruckenden Gebirgsmassiven umgeben, welche sich an der italienisch-schweizerischen Grenze erheben. Die landschaftlich reizvolle Umgebung birgt viele Seen, welche teilweise zur Stromerzeugung genutzt werden. Almwirtschaft und Handwerk bilden die Grundlage der einheimischen Wirtschaft, die noch kaum vom Fremdenverkehr beinflußt wird. Gerade deshalb findet man noch eine naturbelassene Umwelt vor. Wegen der gesunden Luft und des günstigen Klimas ist die Ortschaft eine beliebte Sommerfrische; die Umgebung bietet zahlreiche Wandermöglichkeiten.

Sehenswert im Ort und in der Umgebung

Die **Pfarrkirche** von Antronapiana mit interessanten Kunstwerken im Inneren. Der **Lago di Antrona** hat sich am 27. Juli 1642 durch einen Bergsturz gebildet, der sich von der Cima di Pozzuoli gelöst hat. Der See bedeckt die vom Bergsturz zerstörte Ortschaft. Viele Menschen kamen ums Leben.

Spazierwege und Bergtouren

Rundwanderung von Antronapiana über die Alpe Cimallegra und A. Ronco, unterhalb der Cima di Pozzuoli in Sichtweite des Lago di Antrona vorbei, weiter über A. Cravarossa (Blick auf den Lago di Camplccioli), dann hinauf über A. Banella, A. Loraccio und dem Lago di Camposecco, von wo aus man die Coronette di Camposecco, 2697 m, besteigt und anschließend in Richtung Bivacco Città di Varese und Rifugio Andolla sowie zur A. Comasco absteigt um dann über die A. Campolamana, A. Ronchelli, A. del Gabbio und dem Stausee A. dei Cavalli weiterzuwandern; bald ist das Rifugio Città di Novara erreicht; von dort kehrt man nach Antronapiana zurück (auch mit Auto); die gesamte Gehzeit beträgt ca. 10-12 Std. (Übernachtungsmöglichkeiten in den Schutzhütten). Nach Saas-Almgell, 1673 m, in der Schweiz gelegen, Wanderweg von Antronapiana über Baite, vorbei an der Ostseite des Lago di Camplccioli und weiter über A. Casaravera, A. Sasso, A. Saler und A. Cingino, von dort hinauf zur A. Corone und über den Passo di Antrona, 2838 m; von dort über Furggtälli nach Saas-Almagell, insgesamt ca. 9 Std. Rundwanderung von Antronapiana über Baite, A. Larticcio, den Passo di Trivera, 2313 m, die Trivera-Seen, A. Trivera und Locasca, von dort zurück auf dem Wanderweg über Rovesca, ca. 8-9 Std. Rundwanderung von Prabernardo (bis dort mit Auto) durch das Vallone di Trivera und über A. Mottone, den P.so Cianghin, 2218 m, A. Lavazzero und den P.so di Valaverta, 2558 m (Aufstiegsmöglichkeit zum Pizzo S. Martino, 2733 m), von dort über die A. Lareccio, A. Larciero und dem Weg, der am Ostufer des Lago di Camplccioli entlangführt, sowie über Baite nach Antronapiana zurück, insgesamt ca. 12 Std.

BALMUCCIA

Gde. (D 7), Prov. Vercelli, Einw.: 117, Höhe: 560, Postltz.: I-13020. **Auskunft:** Municipio (Gemeinde) Balmuccia. **Bahnstation:** Varallo (10 km).

Die Ortschaft Balmuccia liegt an der Mündung der Täler Sesia und Sermenza, etwas oberhalb der Mündung der beiden Wasserläufe. Die Ortschaft besitzt keine größere touristische Bedeutung, bildet aber einen guten Ausgangspunkt für Spaziergänge und Bergtouren in die landschaftlich reizvolle Umgebung.

Spazierwege und Bergtouren

Rundwanderung über Otra di Balmuccia und Ca d'Otra, dann überquert man neuerlich den Sesia, erreicht Scopetta, dann hinauf über Susene, unterhalb der P.ta di Terruggia vorbei und nach A. Moglia und wieder zurück, ca. 4.30 Std. Nach Boccioleto, 667 m, Wanderung über die Cima Selvetto, 1186 m, ca. 3 Std. Auf den M. Ventolaro, 1835 m, über Otra di Balmuccia, Ca d'Otra, Scopetta, Susene, Sella, Sasselli del Vento, A. Ticcarello, Giavine und A. Scott, ca 5 Std.

BANNIO ANZINO

Gde. (D 4), Prov. Verbania, Einw.: 620, Höhe: 502/2653 m, Postltz.: I-28032. **Auskunft:** Municipio (Gemeinde) Bannio Anzino. **Bahnstation:** Piedimulera (12 km).

Die Streugemeinde Bannio Anzino liegt in günstiger geographischer Lage am Zusammenfluß der Bäche Anza und Olocchia; beide Orte liegen vis a vis auf den Hängen des vom Olocchia durchflossenen Tales. Die Ortschaft besitzt sehenswerte Kunstwerke und bildet einen interessanten Ausgangspunkt für Wanderungen und Spaziergänge in die Umgebung.

Sehenswert im Ort und in der Umgebung
Die **Pfarrkirche** S. Bartolomeo birgt interessante Fresken und eine flämische Bronzeskulptur aus dem Jahre 1500; das Innere wurde im 17. Jh. umgebaut. Die **Kapelle der Madonna della Neve** (17. Jh.) wird mühelos auf einer Straße, entlang welcher die Kreuzwegstationen stehen, erreicht. Dort wird jährlich die Parade der ,,Milizia Tradizionale" abgehalten, mit Uniformen aus dem 17. Jh.

Spazierwege und Bergtouren
Zur Madonna del Sassello, 951 m, Wanderweg von Pontegrande, 1 Std. Zum Colle Baranca, 1818 m, vom Ortsteil Fontane, 3 Std., oder über die Alpe Provaccio, Rausa und Ancium, 5 Std. Zum Colle Dorchetta, 1818 m, vom Ortsteil Parcineto, 3,5 Std. Zum Monte Scarpignano, 2267 m, von Anzino über Rodirenco und das Rosenza-Tal, 5 Std.

BOCCIOLETO

Gde. (D 7), Prov. Vercelli, Einw.: 339, Höhe: 667 m, Postltz.: I-13022. **Auskunft:** Municipio (Gemeinde) Boccioleto. **Bahnstation:** Varallo (13 km).

Die Ortschaft Boccioleto liegt im Valle Sermenza nahe dem Zusammenfluß der Bäche Sermenza und Cavaglione. Die Ortschaft besitzt interessante Kunstwerke und bildet zudem eine günstige Ausgangsbasis für Bergsteiger und Wanderer.

Sehenswert im Ort und in der Umgebung
Die **Wohnhäuser** im charakteristischen Stil des Valsesia. Die **Pfarrkirche** mit interessanten Kunstwerken (Gemälde und Skulpturen). Die **Kirche ,,dell'Annunciata"** (Holzskulpturen aus dem 14. Jh.). Die **Kapelle der Hl. Quirico und Giuditta** birgt interessante Fresken. Das **Kirchlein S. Lorenzo** nahe der Alpe Secchio wurde wahrscheinlich im 15. Jh., zur Zeit der Pest, erbaut und enthält bedeutende Fresken. Die **Kapelle der Madonna von Loreto** mit Fresken aus dem 16. Jh.; sie liegt auf dem Weg nach Oro. In dieser Ortschaft steht auch die **Kapelle der Madonna** im barocken Stil und die **Kapelle S. Pantaleone** (letztere enthält Fresken der lombardischen Schule aus dem 15. Jh.).

Spazierwege und Bergtouren
Auf die Alpe Secchio, 1388 m (in der Nähe das Kirchlein S. Lorenzo), Wanderweg über Ormezzano, Selletto und Rivetto, ca. 2 Std. Nach Balmuccia, 560 m, Wanderweg über Casetti, Tra dell'Asino, A. Lunetto, von dort hinab, ca. 3 Std. Auf den P.zzo Tracciora di Cervatto, 1917 m, Wanderweg über Oro, Rossa, Rainero, A. Moglie und Balmagina, dort steigt man etwas vor Madonna del Sasso auf, ca. 4 Std. Nach Rimasco, 906 m, Wanderweg über Ormezzano und Prà d'Ometto, von dort abwärts und dann nach Cuccia und Pissa hinauf, vorbei an Montù und zum Ziel, ca. 6 Std.

CAMPERTOGNO

Gde. (C 7/8), Prov. Vercelli, Einw.: 234, Höhe: 827 m, Postltz.: I-13023. **Auskunft:** Municipio (Gemeinde) Campertogno. **Bahnstation:** Varallo (24 km).

Die Ortschaft Campertogno liegt im Valgrande (oberer Abschnitt des Valsesia), zwischen der Einmündung des Artogno und des Sorba in den Sesia. Die Ortschaft besitzt interessante Kunstwerke und bildet eine gute Ausgangsbasis für Wanderungen in die Umgebung.

Sehenswert im Ort und in der Umgebung

Die **Pfarrkirche** S. Giacomo, eine der schönsten im Valsesia. Sie wurde am Beginn des 18. Jh. auf der Stelle einer vorher bestandenen älteren Kirche erbaut, von welcher der Turm erhalten geblieben ist (16. Jh.). Das Innere enthält interessante Kunstwerke; dabei sind v. a. einige Fresken, Skulpturen, Schnitzereien und Möbel aus jener Zeit zu erwähnen. Nahe der Kirche ist das **Pfarrmuseum** erwähnenswert. Die **Kirche S. Carlo**, im gotischen Stil erbaut, enthält einen interessanten Altar. Das **Kirchlein S. Marta** mit wertvollen Fresken und Gemälden. Die **Wallfahrtskirche Madonna del Callone**, etwas außerhalb der Ortschaft mit einer freskenverzierten Fassade.

Spazierwege und Bergtouren

Zur Madonna del Callone, Wanderweg über Tetti, ca. 45 Min. Auf den Vasnera-Paß, 1933 m, der Weg, teilweise mit dem vorher beschriebenen identisch, verläuft über Cangello, Campo dei Frei und A. Vasnera, von dort auf den gleichnamigen Paß, ca. 4 Std. Zum Bivacco CAI nahe der Alpe Campo (siehe dort), weiter über die Alpe Vasnera (bis dort siehe vorher beschriebenen Weg) weiter über A. Costiole, Sivella, 2523 m, ca. 6,30 Std. Rundwanderung über Traversagno, Piano dell'Erba, Colma di Campertogno, Oraccio, A. Vocani, la Preisa, le Bonde, Piana, insgesamt ca. 5.30 Std. Nach Boccioleto, 667 m, Wanderweg über Sellettino, Sella, Colma di Campertogno, Chiappa, Scalva, in Leu, Piana und Ca d'Anselmi, ca. 6 Std. Nach Mollia, 880 m, Wanderweg über Baraggia, S. Gerolamo und Goreto, 2.30 Std. Auf den Becco Guardia, 1817 m, Wanderweg über Tetti, Madonna del Callone, A. Vallon, Vallon della Sella, von dort auf die Spitze, ca. 3.30 Std.

CARCOFORO

Gde. (C 5), Prov. Vercelli, Einw.: 80, Höhe: 1304 m, Postltz.: I-13026. **Auskunft:** Municipio (Gemeinde) Carcoforo. **Bahnstation:** Varallo (27 km). **Bergbahnen:** Skilift.

Das Bergdorf Carcoforo liegt im oberen Val d'Egua inmitten einer reizvollen Landschaft. Dieser Sommerfrischort ist auch für die Ausübung eines bescheidenen Wintersportes geeignet. Die gesunde Luft des Mittelgebirges und die schöne Umgebung mit grünen Weiden und dichten Wäldern laden zu erholsamen Ferien in dieses Dorf ein, das zudem ein guter Ausgangspunkt für Wanderungen in die Umgebung darstellt.

Spazierwege und Bergtouren

Nach Pestarena di Macugnaga, 1075 m, Wanderweg über A. Passone, Piscie Belle, P.so d. Moriana, 2449 m, A. Moriana und Alpetto, ca. 6,30 Std. Nach Ceppo Morelli, 753 m, Wanderweg über A. Passone, Busacca del Passone, P.so di Tignaga, 2472 m, Corte di sopra und Piana di Ceppo Morelli, insgesamt ca. 6 Std. Nach Bannio, 669 m, Wanderweg über das Rifugio Boffalora (siehe dort), weiter über Sellette, C.le d'Egua, 2239 m, A. Selle, la Rusa, Casone, Pianezzo, Soi di fuori, Piana und Fontane, insgesamt ca. 7 Std. Nach Fobello, 873 m, Wanderweg über das Rifugio Boffalora, A. Sellette, Bocchetta di Striengo, 2347 m, A. Addiaccio, A. Piane, A. del Cortese, Bocchetta del Cortese, 1982 m, A. Sasso S. Giovanni, A. Gerbidi, Roi, ca. 8 Std. Nach Rima, 1411 m, im Valle Sermenza, auf dem Walser-Weg über Trasinera Bella, Colle del Termo, 2531 m, A. Chiaffera, ca. 5.30 Std. Nach Borca di Macugnaga, 1195 m, Wanderweg über le Coste, Giovanchera sulla Selva, Busacca del Badile und Passo della Minisera, 2535 m, weiter auf dem Wanderweg „Genoni" nach A. Quarazzola, Val Quarazza, ca. 7 Std.

CEPPO MORELLI

Gde. (C 4), Prov. Verbania, Einw.: 469, Höhe: 753 m, Postltz.: I-28030. **Auskunft:** Municipio (Gemeinde) Ceppo Morelli. **Bahnstation:** Piedimulera (17 km).

Der Ort Ceppo Morelli liegt im Valle Anzasca, einige Kilometer vor Macugnaga. Fremdenverkehrsmäßig liegt er im Schatten der letztgenannten Ortschaft, ist aber ein günstiger Ausgangspunkt für Wanderungen in die Umgebung, die landschaftlich sehr reizvoll ist.

Spazierwege und Bergtouren

Auf die A. l'Agare, Wanderweg von Borgone, ca. 2 Std. Auf den Passo di Tignana, 2472 m, Wanderweg über Piana di Ceppo Morelli und Corte di sopra, ca. 5.30 Std. Rundwanderung über Piana di Ceppo Morelli, Corte di sotto, C. Nuova, Cascinone, A. Girareccio, A. Laveggio, Piana di Borgone und zurück zum Ausgangspunkt auf der orographisch rechten Seite des Anzabaches, insgesamt ca. 6,30 Std. Auf den P.so Mondelli, 2832 m, Wanderweg von Prequartera nach Mondelli, A. Cortevecchia und Predenon, ca. 6 Std. Nach Carcoforo, 1304 m, über den P.so di Tignaga, 2472 m, von dort hinab über Busacca del Passone, A. Passone, ca. 8 Std.

CERVATTO

Gde. (D 6), Prov. Vercelli, Einw.: 51, Höhe: 1004 m, Postltz.: I-13025. **Auskunft:** Municipio (Gemeinde) Cervatto. **Bahnstation:** Varallo (19 km). Bergbahnen: Skilift.

Das kleine Dorf liegt hoch über dem Val Mastallone. Die Ortschaft liegt eingebettet in eine schöne Landschaft; sie besitzt zwar fremdenverkehrsmäßig keine größere Bedeutung, dennoch kann hier dank entsprechender Anlagen Wintersport betrieben werden.

Spazierwege und Bergtouren

Zur Madonna del Balmone, 1373 m, Wanderweg über Giavina und Tapponaccio, ca. 1 Std. Auf den P.zo Tracciora di Cervatto, 1917 m, Wanderweg über Giavina, A. Piana, A. Orello, ca. 3.30 Std. Nach Rossa, 813 m, Wanderweg über Oro Negro, A. Casone, Oro dell'Asino, 1661 m, A. Orello, A. Campello, Selletto und Piana, von dort zum Ziel, ca. 4.30 Std. Rundwanderung über Giavina, Tapponaccio, Madonna del Balmone, Colle d. Finestra, 1951 m, A. Rianuova, A. Gerbidi, A. Gumietto, Roi, Fobello und Torno, insgesamt ca. 5 Std.

FOBELLO

Gde. (D 6), Prov. Vercelli, Einw.: 310, Höhe: 873 m, Postltz.: I-13025. **Auskunft:** Municipio (Gemeinde) Fobello. **Bahnstation:** Varallo (18 km). Bergbahnen: Skilift.

Fobello liegt auf beiden Seiten des Torrente Mastallone im gleichnamigen Tal, inmitten weiter Wälder. Der Ortsname stammt aus dem Dialekt der einheimischen Bevölkerung und bezeichnet in der Tat den Reichtum an Buchenwäldern in der Umgebung. Der ruhige Sommerfrisch- und Luftkurort lädt zu Wanderungen ein, im Winter ist für die Ausübung des Wintersports ein Skilift in Betrieb. Der Ort besitzt auch einige Kunstdenkmäler.

Sehenswert im Ort und in der Umgebung

Der **Glockenturm** ist ein Teil der früheren Pfarrkirche (16. Jh.), die dem Hl. Jakob geweiht war und durch eine Überschwemmung des Mastallone gegen Ende des 18. Jh. zerstört wurde. Das darauffolgende Gotteshaus erlitt das gleiche Schicksal. Das heutige Gebäude stammt aus dem Jahre 1931; in seinem Inneren gibt es einige Kunstwerke. Die nahe **Kirche „della Madonna"** birgt ein wertvolles Gemälde (16. Jh.). Die **Kapelle S. Giuseppe** mit einer freskenverzierten Fassade. Die **Kapellen der Via Crucis** mit Passionsszenen.

Spazierwege und Bergtouren
Nach Anzino im Valle Anzasca, über Campelli, Belvedere, 1546 m, A. Fauto, Colle Dorchetta, 1818 m, A. Pizzone und A. Gabi, von dort zum Ziel, ca. 6 Std. Nach Carcoforo, 1304 m, Wanderweg über Roi, A. Gumietto, A. Gerbidi, A. Sasso S. Giovanni, Bocchetta del Cortese, 1982 m, A. del Cortese, A. Piane sup., A. Addiaccio, Bocchetta di Striengo, 2347 m, A. Sellette und Rifugio Boffalora, von dort zum Ziel, ca. 9 Std. Rundwanderung über Roi, A. Gumietto, A. Gerbidi, A. Rianuova, Colle d. Finestra, 1951 m, Madonna del Balmone, Tapponaccio, Giavina und Cervatto, von dort kehrt man über Torno zurück, ca. 6 Std. Zum Lago di Baranca, 1839 m, über die Alpe Baranca (vom Ende der Talstraße; bis dort auch mit Auto), ca. 3 Std.

GABY
Gde. (B 9), Regione Autonoma della Valle d'Aosta, Einw.: 507, Höhe: 1047 m, Postltz.: I-11020. **Auskunft:** Municipio (Gemeinde) Gaby. **Bahnstation:** Pont St. Martin (17 km).

Der Ort wird bereits in der Antike unter dem Namen Issime-Saint-Michel genannt; seit 1952 ist Gaby eine eigene Gemeinde. Die Ortschaft liegt inmitten ausgedehnter Wiesen auf der orographisch linken Seite des Valle di Gressoney und wird von Nadelwäldern und hohen Berggipfeln umgeben. Der Ort besitzt keine Anlagen zur Ausübung des Wintersports; vielmehr ist er ein geschätzter Luftkur- und Sommerfrischort. Die gute Lage und das milde, trockene Klima sprechen für diese kleine Ortschaft im Aostatal, die sich zudem durch vielfältige Wandermöglichkeiten in einer naturbelassenen Bergwelt auszeichnet. Früher gehörte der Ort zur Gemeinde Issime, in der Vergangenheit war er Lehen der Vallaise.

Sehenswert im Ort und in der Umgebung
Die **Wasserfälle „di Niel"** liegen unterhalb der gleichnamigen Ortschaft oberhalb von Gaby. Die **Pfarrkirche** S. Michele wurde in der ersten Hälfte des 19. Jh. erneuert; sie enthält interessante Fresken.

Spazierwege und Bergtouren
Zu den Wasserfällen „di Niel", Wanderweg über Chanton und Niel, ca. 1.30 Std. Zum Rifugio A. Rivetti, Wanderweg über Niel, Colle della Mologna piccola, 2205 m, A. Anval und A. Pianel, ca. 6 Std. Zum Lago di Zuckie, 2313 m, Wanderweg über Niel, le Peiri, Gr. Lazoney und Zuckie, ca. 4.30 Std. Übergang nach Riva Valdobbia im Val Sesia, Wanderweg über Niel, Colle Loozeney, 2395 m, P.so del Maccagno, 2495 m, Lago Nero, A. Camino, Pioda di sopra, Buzzo, Montata und Peccia, dann steigt man über S. Antonio und Madonna delle Pose durch das Val Vogna ab, insgesamt ca. 9-10 Std. Auf die P.ta Tre Vescovi, 2501 m, Wanderweg über Niel, Riddel, Gr. Lazoney, Zuckie, Colle della Mologna grande, 2364 m, von dort zum Gipfel, ca. 4.30 Std.

GRESSONEY-LA-TRINITÉ

Gde. (A 7), Regione Autonoma della Valle d'Aosta, Einw.: 275, Höhe: 1637 m, Postltz.: I-11020.
Auskunft: I.A.T. Ufficio di informazione ed accoglienza turistica (Tourismusorganisation), Gressoney-la-Trinité. **Bahnstation:** Pont St. Martin (32 km). **Bergbahnen:** 1 Seilbahn, 3 Sessellifte, Skilifte.

Das Valle di Gressoney wird als das „dreisprachige Tal des Monte Rosa" bezeichnet. Hier treffen der Dialekt der Walser, der nur in dieser Gegend gesprochen wird, der für das Aostatal typische Dialekt Patois und, wenn auch in geringerem Ausmaße, die italienische Sprache, aufeinander. Der Hauptort Gressoney-la-Trinité liegt im Talboden am Lys, nicht weit vom Talschluß, der von stark vergletscherten Monte Rosa gebildet wird. Dank seiner günstigen Lage im obersten Talabschnitt ist der Ort ein idealer Ausgangspunkt für Touren und Aufstiege in das Gebiet des Monte Rosa. Dank seiner guten Fremdenverkehrseinrichtungen ist der Ort einer der Hauptwintersportorte der Region. Die landschaftlich reizvolle Umgebung lädt zu erholsamen Spaziergängen auf gut markierten Wegen ein. Dank seines gesunden, trockenen Klimas wird der Ort das ganze Jahr über besucht. Die Entwicklung des Fremdenverkehrs hat zu einer verstärkten Bautätigkeit geführt, sodaß neben den typisch ländlichen Ansiedlungen des Tales neue Gebäude anzutreffen sind. In der Vergangenheit versuchte man, ohne viel Erfolg, die Goldvorkommen des Gebietes zu nutzen, das im Mittelalter ein Lehen des Bischofs von Sion, der Herren von Challant und jener von Vallaise war.

Sehenswert im Ort und in der Umgebung

Die **Pfarrkirche** wurde erstmals in Urkunden des 16. Jh. erwähnt; sie wurde auf dem Ort eines vorher bestehenden Sakralbaues errichtet.

Spazierwege und Bergtouren

Zum Lago Gabiet, in der Nähe der gleichnamigen Schutzhütte, vorbei an der Alpe Gruebe, ca. 3 Std. Auf die Punta Jolanda, 2240 m, mit dem Sessellift oder zu Fuß, ca. 2 Std. Auf die Punta Stolemberg, 3202 m, von Orsiò über Bédemie, Gabiet und Col d'Olen, 2881 m, hinauf über den Kamm und über den P.so dei Salati, 2936 m, ca. 5-6 Std. Zu den Laghetti di Nétschò im gleichnamigen Tal, in der Nähe des Bivacco Gastaldi, ca. 3 Std. Auf die Testa Grigia, 3315 m, über das Bivacco Ulrich Lateltin, 5 Std. Nach Champoluc im Valle d'Ayas, über den Col di Pinter, 2777 m, insgesamt ca. 8 Std.

GRESSONEY-ST.-JEAN

Gde. (A 8), Regione Autonoma della Valle d'Aosta, Einw.: 800, Höhe: 1385 m, Postltz.: I-11025.
Auskunft: Azienda di Promozione Turistica (Tourismusverein), Gressoney-St.-Jean. **Bahnstation:** Pont St.Martin (26 km). **Bergbahnen:** 1 Sessellift, Skilifte.

Gressoney-St.-Jean liegt im oberen Bereich des gleichnamigen Tales, an der Straße, die zum bedeutenden Fremdenverkehrsort Gressoney-la-Trinité führt. Die Ortschaft breitet sich auf der orographisch rechten Seite des Torrente Lys im Talboden aus, dessen eindrucksvolle Kulisse vom Gebirgsmassiv des Monte Rosa gebildet wird. Der Ort verfügt über verschiedene Wintersporteinrichtungen. Die Umgebung, von seltenem landschaftlichen Reiz, lädt zu ausgedehnten Wanderungen ein. Geschichtlich teilte Gressoney-St.-Jean sein Schicksal mit dem nahen Gressoney-la-Trinité; im nahen Schloß Savoyen hielt sich längere Zeit die Königin Margherita auf.

Sehenswert im Ort und in der Umgebung

Das **Schloß Savoyen** wurde Anfang dieses Jahrhunderts erbaut. **Villa Margherita,** einst Residenz der Barone Beck-Peccoz und nun Sitz der Gemeinde, Ende des 19. Jhs errichtet, war Wohnsitz der Königin Margherita, bevor Schloß Savoyen erbaut wurde.

Spazierwege und Bergtouren

Nach Brusson, über den Passo di Valnera, 2676 m, A. Palasina und Lavassey, 7 Std. Rundwanderung über Onderwald, A. Gruebe und den Passo di Bocchetta, 2526 m, weiter über Chanlossere, A. Palasina und den Passo di Valnera, von dem man zum Ausgangspunkt zurückkehrt, ca. 7 Std. Zum Lago della Battaglia, über den Passo di Valnera, 2676 m, ca. 6 Std. Zum Schloß Savoyen, 30 Min. (auch mit Auto). Nach Gressoney-la-Trinité auf dem Walserweg, 1.15 Std. Übergang nach Riva Valdobbia, 1112 m (Valgrande), Wanderweg über A. Cialfrezzo, Colle Valdobbia, 2480 m (in der Nähe das Rif. Osp. Sottile, siehe dort), hinunter nach Valdobbia, A. Larecchio, Montata, S. Antonio, Cà di Janzo, Madonna d. Pose, insgesamt ca. 7-8 Std. Zum Lago Nero, Wanderweg über Ob Triscte, Valdobbia di sotto, P.so dell'Alpetta, 2774 m, dann dem Lago Bianco entlang, ca. 4.30 Std. Auf den Corno Rosso, 2979 m, ab Bielciucken (bis dort auch mit Auto) über A. Stadely, A. Cialfrezzo di sotto, A. Brunnen, ca. 6 Std. Rundwanderung von Onderwald nach A. Boschonel, A. Ranzola, C.le della Ranzola, 2170 m, Chancharlech, A. del Lago, Lago di Frudiere, Forca, Cialvrinò, Ronke, Biel, ca. 6-7 Std. Der Walserweg von Gressoney-La-Trinité nach Tschalurino, 4 Std.

MACUGNAGA

Gde. (BC 4), Prov. Verbania, Einw.: 700, Höhe: 945/4634 m, Postltz: I-28030. **Auskunft:** I.A.T.-Informazioni Accoglienza Turistica (Tourismusorganisation), Macugnaga. **Bahnstation:** Piedimulera (27 km). **Bergbahnen:** Seilbahn, Sessellift, Skilift.

Die Gemeinde Macugnaga liegt mit ihren Fraktionen im oberen Valle Anzasca nahe dem Talschluß an der Ostseite des Monte Rosa mit seinen steilen Hängen, Felswänden und Gletschern. Der bekannte Fremdenverkehrsort eignet sich das ganze Jahr über für Luftkuraufenthalte; gute Einrichtungen ermöglichen die Ausübung der bekanntesten Wintersportarten. Macugnaga liegt inmitten einer herrlichen Landschaft und ein dichtes Netz von Schutzhütten und Biwaks ermöglicht jede Art von Wanderungen und Aufstiegen im Monte-Rosa-Massiv. Für jene, die gemütliche Wanderungen dem Bergsteigen vorziehen gibt es eine Vielzahl von Möglichkeiten in der Umgebung. Auch die einheimische Bevölkerung Macugnagas stammt von den im 13. Jh. aus der nahen Schweiz eingewanderten Wallisern ab. Ein großer Teil des Gebietes ist noch stark von den Sitten und Gebräuchen sowie von der typischen Architektur der Walliser geprägt.

Sehenswert im Ort und in der Umgebung

Die **alte Kirche**, bei der Ortschaft Chiesa Vecchia, wurde im 13. Jh. erbaut und im 16. Jh. umgestaltet. Im danebenliegenden **Friedhof** ruhen die Opfer, die der Monte Rosa gefordert hat. Die **Pfarrkirche** von Staffa, im 18 Jh. erbaut, enthält Gemälde, wertvolle Schnitzereien und Skulpturen. In den **Museen** von Borca und Staffa werden antike Kostbarkeiten und Zeugnisse der Kultur der Walser ausgestellt. In der Nähe des Dorfes steht eine mehrhundertjährige **Linde** (der Überlieferung nach soll sie auf das 13. Jh. zurückgehen). In vergangenen Jahrhunderten wurde hier Gericht gehalten und Versammlungen abgehalten. Die **Goldminen della Guia** mit Führungen.

Spazierwege und Bergtouren

Übergang nach Saas-Almagell, 1673 m, auf dem alten Weg über den P.so di Monte Moro: von Staffa über das Rifugio Roberto Gaspare, P.so di Monte Moro, 2868 m, von dort steigt man durch das Saastal auf der linken Seite des Staubeckens von Mattmark ab und erreicht über Zer Meiggeru das Ziel, ca. 7-8 Std. Zum Lago delle Loccie, 2209 m, Wanderweg von Pecetto über A. Rosareccio, Piani Alti und vorbei am Rifugio Zamboni-Zappa, ca. 3 Std. Auf die Alpe Schena, 1981 m, Wanderweg von Ronco über A. Bletza, ca. 2.15 Std. Nach Carcoforo im Val d'Egua, Wanderweg von Pestarena über Alpetto, A. Moriana, P.so della Moriana, 2449 m, Piscie Belle, Busacca del Passone, von dort zum Ziel, ca. 8 Std. Nach Carcoforo, Wanderweg von Borca, Lago delle Fate, auf dem Wanderweg Genoni über la Città Morta und zum Colle delle Pisse, 2535 m, von dort hinab über Busacca del Badile, Giovanchera sulla Selva und le Coste, ca. 7 Std. Nach Alagna Valsesia, 1191 m, man folgt dem Walser-Weg im Val Quarazza über dem Colle del Turlo, 2738 m, steigt über A. Grafenboden und A. Faller ab und schlägt dann den kürzesten Weg über die Talstraße bis Alagna ein, insgesamt ca. 8 Std. Auf die A. Meccia, 1807 m, Saumpfad von Staffa, ca. 1.45 Std. Zum Bivacco Hinderbalmo, Wanderweg von Pecetto über A. Alpe Hinderbalmo, ca. 2 Std. Zu den zahlreichen Schutzhütten der Umgebung (siehe im entsprechenden Verzeichnis).

MOLLIA

Gde. (C 7), Prov. Vercelli, Einw.: 110, Höhe: 880 m, Postltz.: I-13020. **Auskunft:** Municipio (Gemeinde) Mollia. **Bahnstation:** Varallo (26 km).

Mollia liegt in einem engen Talabschnitt des Valgrande, zwischen Riva Valdobbia und Campertogno, wo sich der Lauf des Sesia abrupt nach Südosten wendet. Aufgrund der Lage des Ortes am Fuße von steilen Hängen, wurde er oft von Lawinen heimgesucht. Mollia ist fremdenverkehrsmäßig nicht von großer Bedeutung, bildet aber einen guten Ausgangspunkt für interessante Spaziergänge und Wanderungen.

Sehenswert im Ort und in der Umgebung

Die **Pfarrkirche** S. Giovanni Battista, deren Säulengang mit einem besonderen Kreuzweg aus der zweiten Hälfte des 18. Jh. bemalt ist.

Spazierwege und Bergtouren

Nach Rimasco, 906 m, Wanderweg über die Cappella Pianello, Ortigosa, A. Piode Nere und C. le Finestrolo, 1919 m, von dort hinab über A. Chignola, Balma und Oro di Munca, ca. 5.30 Std. Nach Scopello, 659 m, Wanderweg über Goreto, Traversagno, Piano dell'Erba, Colma di Campertogno, Balma, Casarolo und A. Moliana, ca. 6-7 Std. Auf die Punta Massarei, 2061 m, Wanderweg von Piana Fontana über Ortigosa, A. Piode Nere, ca. 3.30 Std. Nach Boccioleto, 667 m, Wanderweg über Cappella Pianello, Taragno, Bocchetta Bià, 2064 m, Madonna del Sasso, Palancato, ca. 5.30 Std.

PILA

Gde. (D 8), Prov. Vercelli, Einw.: 114, Höhe: 686 m, Postltz.: I-13020. **Auskunft:** Municipio (Gemeinde) Pila. **Bahnstation:** Varallo (18 km). **Bergbahnen:** Sessellift, Skilift.

Pila liegt im Valgrande und wird vom Monte Ventolaro, 1835 m, überragt. Der Ort bildet einen guten Ausgangspunkt für Wanderungen in die Umgebung. Oberhalb Pila, auf der orographisch rechten Seite im Valgrande, entwickelt sich die Alpe di Mera, 1503 m, in letzter Zeit immer mehr zu einem Wintersportgebiet mit den nötigen Einrichtungen.

Spazierwege und Bergtouren
Auf die Alpe di Mera, 1503 m, Wanderweg über A. della Piana, A. Fontanello und Pian Rastôo, ca. 3 Std. Auf die Cima delle Balme, 1930 m, Wanderweg über Micciolo, Mosso und Casarolo, von dort aufwärts und dann nach links zum Ziel, ca. 4 Std.

PIODE

Gde. (C 8), Prov. Vercelli, Einw.: 201, Höhe: 752 m, Postltz.: I-13020. **Auskunft:** Municipio (Gemeinde) Piode. **Bahnstation:** Varallo (20 km).

Piode liegt auf der orographisch linken Seite des Sesia, bald nach der Einmündung des Torrente Sorba. Es wird angenommen, daß der Ortsname von den so benannten Schieferplatten herrührt, die in den zahlreichen Steinbrüchen dieses Gebietes abgebaut und als Dachbedeckung benutzt wurden. Der Ort ist touristisch nicht von großer Bedeutung.

Sehenswert im Ort und in der Umgebung
Die **Pfarrkirche** (18. Jh.) S. Stefano mit wertvollen Kunstwerken.

Spazierwege und Bergtouren
Nach Campertogno, 827 m, Wanderweg über Pian del Montone, Piano del Ronco, le Bonde, S. Lorenzo, Piana, Villa, ca. 5 Std. Auf die Alpe Meggiana, Wanderweg über Pietre Grosse, A. Magonere, Pra Polla, A. Rontajolo und A. Ovago di sotto, ca. 2.30 Std. Nach Rassa, 947 m, Wanderweg über la Frua, il Pizzo, A. Pianone und Goreto, ca. 4.30 Std.

RASSA

Gde. (C 8), Prov. Vercelli, Einw.: 82, Höhe: 917 m, Postltz.: I-13020 m. **Auskunft:** Pro Loco (Verkehrsverein) Rassa. **Bahnstation:** Varallo (25 km).

Das kleine Dorf Rassa liegt im Val Sorba, in der Nähe des Zusammenflusses der Bäche Sorba und Gronda. Dank seiner Lage ist es ein guter Ausgangspunkt für interessante Wanderungen in die Umgebung. Der Ort ist von keinem besonderen touristischen Interesse, zeichnet sich aber durch seine einzigartigen typischen ländlichen Holzbauten des Val Sesia aus.

Sehenswert im Ort und in der Umgebung
Die **Pfarrkirche** mit interessanten Fresken und Gemälden sowie einem Kreuz aus dem 15. Jh.

Spazierwege und Bergtouren
Rundwanderung über S. Nicolao, Piana, A. Sassolenda, A. Laghetto, Lago di Scarpia, Bocchetta Canal Rossone, Campo, Stuva, Concren und Fontana und wieder zurück, ca. 7 Std. Auf die Alpe il Toso, 1649 m (in der Nähe ein Unterstand des CAI, siehe dort), Wanderweg durch das Val Sorba über die gleichnamige Alm und die Alpe il Dosso, ca. 2 Std. Auf die Alpe Sorbella, Wanderweg über Sponde und Schienadorso, 2.30 Std. Auf den Pizzo, 1704 m, Wanderweg über Goreto und Selvaccia, ca. 2.30 Std.

RIMA SAN GIUSEPPE

Gde. (C 6), Prov. Vercelli, Einw.: 85, Höhe: 975/2964 m, Postltz.: I-13020. **Auskunft:** Municipio (Gemeinde) Rima San Giuseppe. **Bahnstation:** Varallo (27 km).

Die Streugemeinde Rima San Giuseppe dehnt sich im oberen Valle Sermenza aus und wird von hohen Berggipfeln, die die Wasserscheide zum Valsesia und zum Valle Anzasca bilden, umgeben. Der Ort eignet sich besonders zur Sommerfrische und bietet zahlreiche Wandermöglichkeiten in einer wunderschönen Landschaft.

Sehenswert im Ort und in der Umgebung

Das „**Oratorio delle Grazie**" (15. Jh.) in der Fraktion Rima mit interessanten Kunstwerken. Die **Pfarrkirche** (18. Jh.) mit wertvollen Fresken im Inneren.

Spazierwege und Bergtouren

Auf den Pizzo Montevecchio, 2625 m, Wanderweg von Rima über A. Valle und Valle di sopra, ca. 4 Std. Nach Borca di Macugnaga, 1195 m, über den Pizzo Montevecchio, von dort zum Colle della Bottiglia, 2607 m, dann hinab durch das Val Quarazza über A. Montevecchio bis zum Ziel, ca. 6-7 Std. Nach Carcoforo, 1304 m, durch das Val d'Egua auf dem Walser-Weg zum Colle del Termo, 2531 m, ca. 5 Std. Nach Alagna Valsesia, 1191 m, über den bereits genannten Walser-Weg im Valmontasca zum Colle Mud, 2324 m, von dort hinab zum Ziel über A. Venghi und A. Mud di Mezzo, ca. 5.30 Std. Auf den Colle Piglimò, 2485 m, Wanderweg von Rima über Lanciole und Lanciole di sopra, 3.30 Std. Wanderung von Rima nach S. Giuseppe über Vascolia, Scarpia di sopra, Passo del Vallarolo, 2332 m, A. la Piana und Piana Grassa, ca. 6 Std. Nach Riva Valdobbia, 1112 m, Wanderweg von S. Giuseppe durch das Valle Nonal, Piano delle Rose und über den Paß Finestrolo di Pian di Rose, 2301 m, dann hinab über Casera di sopra und Motteso, ca. 7 Std.

RIMASCO

Gde. (C 6), Prov. Vercelli, Einw.: 180, Höhe: 906, Postltz.: I-13026. **Auskunft:** Municipio (Gemeinde) Rimasco. **Bahnstation:** Varallo (20 km). Bergbahnen: Skilift.

Der kleine Ort Rimasco liegt an der Vereinigung der Täler Sermenza und d'Egua, am Rande eines kleinen Staubeckens. Dieser Sommerfrischort bietet in der Umgebung zahlreiche Wanderungen. Im Winter kann man zudem Wintersport betreiben.

Sehenswert im Ort und in der Umgebung

Die **Pfarrkirche** (bedeutender Barockaltar).

Spazierwege und Bergtouren

Nach Campo, 1386 m, Wanderweg über Pian della Ratta, 1.30 Std. Nach Mollia im Valgrande, Wanderweg von Cunaccia, A. Chignola, Colle Finestrolo, 1919 m, A. Ghiaccio, Ortigosa und Cappella Pianello, ca. 5 Std.

RIVA VALDOBBIA

Gde. (B 7), Prov. Vercelli, Einw.: 236, Höhe: 1112 m, Postltz.: I-13020. **Auskunft:** Municipio (Gemeinde) Riva Valdobbia. **Bahnstation:** Varallo (33 km).

Riva Valdobbia liegt im Valgrande nicht weit von der Mündung des Vogna in den Sesia. Es besitzt als Luftkurort eine gewisse Bedeutung und wird, da es im obersten Talabschnitt liegt, von den steilen Felswänden des Monte Rosa umgeben. Dank seiner günstigen Lage ist der Ort Ziel vieler Wanderer, welche hier einen guten Ausgangspunkt für Touren in die Umgebung vorfinden. Die Landschaft und die Natur geben dem Urlauber die Möglichkeit sich auszuruhen und fernab vom Streß des Alltagslebens Erholung zu finden. Riva Valdobbia wurde früher Petrae Gemellae genannt; heute zeichnet es sich wegen der schönen Beispiele der ursprünglichen Bauweise des Valsesia aus.

Sehenswert im Ort und in der Umgebung
Die **Pfarrkirche** S. Michele wurde im 18. Jh. umgebaut, indem man Teile einer Kirche aus dem 16. Jh. verwendete. Von diesem letzteren Gebäude stammen der Glockenturm und die Fassade, welche reich mit Fresken vom Ende des 16. Jh. geschmückt ist. Das Innere birgt bedeutende Fresken und Gemälde. Das **„Oratorio di S. Antonio"** (17. Jh.), mit einem barocken Kreuz im Inneren und einem Gemälde von Anfang des 18. Jh. Das **Volkskundemuseum**, im Ortsteil Rabernardo.

Spazierwege und Bergtouren
Auf die Cima Mutta, 2135 m, Wanderweg durchs Val Vogna über Cà di Janzo, Selveglio, A. Poesi, ca. 3 Std. Auf die Bocchetta d'Ea, 2288 m, Wanderweg über A. Stella, C. Vecchia, A. Laghetto Stella, ca. 4 Std. Übergang ins Val di Gressoney, über Valdobbia und Cà di Janzo, weiter auf der GTA bis Peccia, von dort nach Montata, A. Larecchio, (Walser-Weg) Valdobbia, Colle Valdobbia, 2480 m (in der Nähe das Rifugio Osp. Sottile, siehe dort), dann hinab über die Alpe Cialfrezzo, insgesamt ca. 6-7 Std. Zum Lago Verde, 2864 m, Wanderweg im Val Vogna bis nach Piane, von dort weiter nach A. Spinale, A. Rissuolo, Lago Bianco und Lago Nero, von dort zum Ziel, ca. 5-6 Std. Nach San Giuseppe im Valle Sermenza, Wanderweg über Casarolo, Motteso und Finestrolo di Pian di Rose, 2301 m, von dort hinab über Pianelle, ca. 7 Std.

ROSSA
Gde. (D 7), Prov. Vercelli, Einw.: 206, Höhe: 813 m, Postltz.: I-13020. **Auskunft:** Municipio (Gemeinde) Rossa. **Bahnstation:** Varallo (15 km).

Rossa liegt in günstiger geographischer Lage im Valle Sermenza, auf den sonnenreichen Hängen des Pizzo Tracciora di Cervatto. Die landschaftlich schöne Umgebung bietet viele interessante Wanderziele an.

Sehenswert im Ort und in der Umgebung
Die **Kapelle**, der Madonna delle Giavinelle geweiht, etwas außerhalb der Ortschaft, mit bedeutenden Fresken und Gemälde.

Spazierwege und Bergtouren
Auf den Pizzo Tracciora di Cervatto, 1917 m, Wanderweg, 3.30 Std. Übergang nach Cervatto im Val Mastallone, Wanderweg über A. Orello, Oro dell'Asino, Villa Banfi und Giavina, ca. 5 Std. Auf den Passo del Cavaglione, 1748 m, Wanderweg über Madonna delle Giavinelle, A. Reale del Cavallo, i Pontetti, Sull'Oro, A. Varmala, Casarolo und A. Cavaglione, von dort zum Ziel, ca. 3 Std.

SAAS-ALMAGELL
Gde. (B 2), Kanton Wallis, Höhe: 1673 m, Postltz.: CH-3905 VS. **Auskunft:** Verkehrsverein Saas Almagell. **Bahnstation:** Visp (25 km). **Bergbahnen:** Sessellift, Skilift.

Das anmutige Dorf Saas-Almagell ist die letzte Ortschaft im Saastal; es wird von einer Reihe hoher Berge umgeben, deren Flanken teilweise vergletschert sind. Oberhalb der Ortschaft trifft man auf das Staubecken von Mattmark; der alte Übergang über den Passo di Monte Moro stellt die Verbindung mit dem Valle Anzasca her. Der bekannte Luftkurort besitzt auch die nötigen Anlagen zur Ausübung des Wintersports. Auch Wanderer und Bergsteiger kommen hier auf ihre Kosten.

Spazierwege und Bergtouren

Nach Staffa di Macugnaga im Valle Anzasca, Wanderweg vom Staubecken Mattmark über den Passo di Monte Moro, 2870 m, ca. 7 Std. Zum Passo di Antrona, 2838 m, Wanderweg über das Furggtal, ca. 4 Std. (Abstiegsmöglichkeit nach Antronapiana im Val di Antrona, insgesamt ca. 8-9 Std.). Zur Britannia Hütte, Wanderweg über Charf, Roosse, dann überquert man teilweise den Chessjen-Gletscher, ca. 4.30 Std. (nur für Geübte).

SAAS-FEE

Gde. (B 1), Kanton Wallis, Einw.: 1300. Höhe: 1800 m, Postltz.: CH-3906 VS. **Auskunft:** Tourismusorganisation Saas-Fee. **Bahnstation:** Visp (24 km). **Bergbahnen:** Seilbahnen, Sessellift, Skilift.

Saas-Fee ist ein bekannter und geschätzter Ferienort. Er liegt auf der orographisch linken Seite des Saastales und wird von beeindruckenden, stark vergletscherten Bergen umgeben. Gegenüber der Ortschaft dehnt sich der riesige Fee-Gletscher aus, über welchem das Allalinhorn, der Alphubel und der Dom aufragen. Dank der gut ausgebauten Anlagen ist es möglich, das ganze Jahr über skizufahren. Zudem steht den Wanderern ein dichtes Wegenetz in schöner Umgebung zur Verfügung.

Spazierwege und Bergtouren

Auf das Felskinn, 2991 m (Bergstation der gleichnamigen Seilbahn), Wanderweg von Bifig über Oberi Schopfen und Ritz, ca. 4 Std. Zur Mischabelhütte, Wanderweg, 4 Std. Auf den Mällig, 2700 m, Wanderweg über Hannig, ca. 2.30 Std. Nach Saas-Grund, 1559 m, Wanderweg über Wildi, 30 Min. Zum Hotel Längflue, über Spielboden, ca. 3.30 Std.

SAAS-GRUND

Gde. (B 1), Kanton Wallis, Einw.: 985. Höhe: 1559/3100 m, Postltz.: CH-3910 VS. **Auskunft:** Verkehrsverein Saas-Grund. **Bahnstation:** Stalden (15 km), Visp (23 km), Brig (32 km). **Bergbahnen:** Gondelbahn nach Kreuzboden (2400) und Hohsaas (3100) - Fahrzeiten 12 Minuten (Kreuzboden), 24 Minuten (Hohsaas) - Kunsteisbahn/Natureisbahn - 26 km Saastal-Loipe - 2 Hotel-Hallenbäder - 35 km Skipisten (Kreuzboden-Hohsaas) - Skischule alpin und nordisch - Ausgangspunkt zu den klassischen Viertausendern des Saastales (Fletschhorn, Weissmies, Lagginhorn).

Im Herzen des Saastales, ca. 4 km vor Saas-Fee gelegen ist Saas-Grund ein familienfreundlicher Sommer- und Wintersportort. Umgeben von nicht weniger als 18 Viertausendern bietet der ruhige Ort vor allem Alpinisten reizvolle Aufstiegsmöglichkeiten. Sein junges, hochalpines Skigebiet mit ca. 35 km Pisten erschließt auch den Triftgletscher. Kein Sommerskigebiet. 300 km gut unterhaltene Wanderwege bieten dem Naturfreund viel Abwechslung. Besonders vielfältig ist die Flora des Saastales.

Sehenswert im Ort und in der Umgebung

Pfarrkirche von 1938 mit Altarbildern aus der spätbarocken Zeit (italienische

Künstler). **Kapellenweg** mit 15 Rosenkranz-Kapellen, 1709 erbaut. Barocke **Rundkirche** in Saas-Balen (4 km), 1809-1812 von Johann-Josef Andenmatten, Baumeister, erbaut (einzigartig in der Schweiz). **Antoniuskapelle** (1697) und **Dreifaltigkeitskirche** (1735) mit der historischen Orgel (1806). **Staudamm Mattmark** (12 km). **Saaser Heimatmuseum** in Saas-Fee (4 km).

Spazierwege und Bergtouren
Nach Crizbode, Wanderweg über Farwald und Spiss, ca. 3 Std. Rundwanderung von Egge nach Balmi Boden, dann über Gibidum und dem Mällig, 2700 m, hinauf nach Gletscher Weng, von dort kehrt man über Unsere Wald und Egge zurück, ca. 6 Std. Nach Saas-Fee, 1800 m, entlang dem Kreuzweg, 1 Std. Nach Saas-Almagell, 1673 m, Wanderweg auf der orographisch linken Seite der Saaser Vispa über Unt. den Bodmen, ca. 1.15 Std.

SCOPA
Gde. (D 8), Prov. Vercelli, Einw. 390, Höhe: 622 m, Postltz.: I-13027. **Auskunft:** Municipio (Gemeinde) Scopa. **Bahnstation:** Varallo (14 km).

Der kleine Ort Scopa liegt im Valgrande an den südöstlichen Hängen des Monte Ventolaro. Er ist als Sommerfrische bekannt und bietet eine Reihe von Wanderungen in der Umgebung und auf den Anhöhen ringsum.

Sehenswert im Ort und in der Umgebung
Die alte **Pfarrkirche**, im 18. Jh. erneuert, besitzt ein interessantes, mit Fresken verziertes Portal. In der Nähe steht eine **Kapelle** aus dem 14. Jh., welche ebenfalls Kunstwerke von gewissem Interesse aufweist.

Spazierwege und Bergtouren
Auf den Monte Ventolaro, 1835 m, Wanderweg über Cà d'Elena, Gallina, A. Ticcarello und A. Scott, ca. 4 Std. Nach Boccioleto im Valle Sermenza, Wanderweg über A. Scott, von dort weiter nach A. Roncaccio, Preti, Cà d'Anselmi, S. Marco, ca. 5 Std. Zu den Valmalaalmen, Wanderweg über Madonna della Neve, 1 Std. Auf den Badile, 1883 m, Wanderweg über Madonna della Neve, il Lagone, A. Prealbina, ca. 4.30 Std.

SCOPELLO
Gde. (D 8), Prov. Vercelli, Einw.: 430, Höhe: 659 m, Postltz.: I-13028. **Auskunft:** Ufficio Turismo, Gemeinde Scopello. **Bahnstation:** Varallo (17 km). **Bergbahnen:** Sessellift, Skilift.

Dieser einladende Ort in schöner Lage inmitten des Valgrande erstreckt sich über beide Ufer des Sesia-Flusses. Scopello ist als Sommerfrischeort beliebt, da es zahlreiche Wanderwege bietet, die die Gäste durch die landschaftlich äusserst reizvolle Umgebung führen. Hier befindet sich die Pforte zum Skigebiet der Alpe Mera, die dank ihrer technischen Ausstattung allen Erfordernissen des Skisports gerecht wird (35 km Pisten). Scopello weist auch Langlaufloipen verschiedener Schwierigkeitsgrade und eine hochmoderne Abfahrts-Anlage für Kinder mit Tapis-roulant-Lift auf.

Spazierwege und Bergtouren
Auf die Alpe di Mera, 1503 m, Wanderweg über Bertina, S. Bernardo, A. Colletta, ca. 3 Std. Auf den Colle delle Balme, 1930 m, Wanderweg über Micciolo und Casarolo, von dort über den Sattel zwischen dem Colle delle Balme und dem

Monte Castello zum Ziel, ca. 4 Std. Nach Campertogno, 827 m, Wanderweg über A. Micciolo, Casarolo, Colma di Campertogno, ca. 5 Std.

TÄSCH

Gde. (A 2), Kanton Wallis, Höhe: 1450 m, Postltz.: CH-3921 VS. **Auskunft:** Verkehrsverein Täsch. **Bahnstation:** Täsch.

Das anmutige Dorf Täsch liegt im Mattertal, fünf Kilometer von Zermatt entfernt. Es wird als Luftkurort das ganze Jahr über sehr geschätzt. Im Sommer ist es möglich, auf einem dichten Wanderwegnetz Ausflüge in eine schöne Umgebung zu unternehmen.

Spazierwege und Bergtouren

Nach Zermatt, 1616 m, Wanderweg auf der orographisch linken Seite des Tales nach Raf Wald, Unt. Chruz Wald und Spiss, ca. 1.30 Std. Zur Weißhornhütte, Wanderweg über Schaliachern, Rötiboden und Jatz, ca. 4 Std. Zur Täschhütte, Wanderweg über Täschberg, Eggenstadel, Stafelti und Ottavan, ca. 4 Std.

VANZONE CON SAN CARLO

Gde. (D 4), Prov. Verbania, Einw.: 486, Höhe: 550/2792 m, Postltz.: I-28030. **Auskunft:** Pro Loco (Verkehrsverein) Vanzone con San Carlo. **Bahnstation:** Piedimulera (14 km).

Die Streugemeinde Vanzone con San Carlo liegt mit ihren Fraktionen im Valle Anzasca, zwischen der Gemeinde Ceppo Morelli und Bannio Anzino. Im Norden wird sie von einer Reihe hoher Berggipfel, deren höchster der P.zo S. Martino, 2733 m, ist, überragt. Der Ort ist fremdenverkehrsmäßig nicht von großem Interesse, ist aber ein guter Ausgangspunkt für Touren und Wanderungen in die landschaftlich reizvolle Umgebung.

Sehenswert im Ort und in der Umgebung

Die **Pfarrkirche** mit interessanten Gemälden aus dem 17. Jh.

Spazierwege und Bergtouren

Auf den P.zo S. Martino, Wanderweg von Vanzone über A. Briga, A. Motto, A. Asinello, Biv. Lamè, von dort über den Nordostkamm zum Ziel, ca. 8 Std. Übergang nach Antronapiana, 908 m, im Valle Antrona, Wanderweg über Madonna del Ronco, Cà Nova, Cingora, A. Vallar, A. Cortelancio, A. Vallar, 1971 m, P.so Cianghin, 2218 m, von dort hinab über A. Mottone, dann durch das Vallone di Trivera über Locasca zum Ziel, auf dem Weg, der oberhalb der Straße verläuft, insgesamt ca. 8-9 Std. Zum Lago Grande, 2269 m, Wanderweg von Vanzone über Pianezza di dentro, A. Briga und A. Motto, ca. 5 Std.

ZERMATT

Gde. (A 3), Kanton Wallis, Einw.: 5.000, Höhe: 1616 m, Postltz.: CH-3902 VS. **Auskunft:** Verkehrsbüro Zermatt. **Bahnstation:** Zermatt. **Bergbahnen:** Standseilbahn im Tunnel nach Sunnegga, Gornergrat-Eisenbahn, Seilbahnen und Gondelbahnen, Sessellifte, Skilifte.

Der malerische Fremdenverkehrsort Zermatt liegt im oberen Talabschnitt der Matter Vispa, umgeben von einer eindrucksvollen Bergwelt, deren bekannteste Gipfel jene des Matterhorns und des Monte Rosa sind. Zermatt ist ohne Zweifel einer der bekanntesten Orte der Schweiz und des gesamten Alpenbogens. Die einmalige Qualität der touristischen Infrastrukturen bzw. der Wintersportanlagen macht den Ort zu einem der herausragendsten Fremdenverkehrsorte der Alpen und zu einem Anziehungspunkt für Touristen, Wanderer und Wintersportler aus allen Teilen Europas. Die Geschichte Zermatts ist mit dem Matterhorn und den anderen beeindruckenden Berggipfeln eng verbunden. Der ehemals kleine Ort entwickelte sich gemeinsam mit dem Bau von Bergbahnen, vor allem der Gornergrat-Eisenbahn, einem der hervorragendsten Elemente dieser Ortschaft, die sich an den Nordhängen des Monte Rosa ausdehnt. Dank seiner guten geographischen Lage, seines günstigen Klimas und seiner vielfältigen Wandermöglichkeiten jeglichen Schwierigkeitsgrades ist der Ort ein erstrangiges Fremdenverkehrszentrum.

Sehenswert im Ort und in der Umgebung
Die **Pfarrkirche**, dessen **Friedhof** die sterblichen Hüllen der ersten am Matterhorn verunglückten Bergsteiger aufnimmt (Juli 1865). Das **Bergsteigermuseum** mit Erinnerungen und Schaustücken aus der lokalen Bergsteigergeschichte und der ersten Besteigungen des Matterhorns. Das **Marmor-Monument für A. Seiler**, einer der für die touristische Entwicklung Zermatts bedeutendsten Männer. **Porträt von E. Whymper**, dem ersten Besteiger des Matterhorns, auf der Vorderseite des Hotels Monte Rosa.

Spazierwege und Bergtouren
Siehe unter den zahlreichen Schutzhütten und Alpengasthöfen dieses Gebietes. Wanderung am oberen Rand des Findeln-Gletschers, Wanderweg von Findeln über die gleichnamige Alm, insgesamt 5 Std. von Zermatt aus. Auf den Theodulpaß, 3290 m, vom Rifugio Gandegg, insgesamt 8 Std. (nur für Geübte, schwierige Gletscher- und Felsquerungen). Zum Schwarzsee, mit der Seilbahn oder zu Fuß, 4.30 Std. Auf den Gornergrat, siehe unter Kulmhotel.

Titelbild Karte und Textheft: Rimpfischhorn, 4199 m, und Strahlhorn, 4190 m (Robert Oberarzbacher)
Verlagsnummer: 06.7 c
ISBN 3-85491-302-8

© KOMPASS-Karten GmbH
Kaplanstraße 2, A-6063 Rum/Innsbruck
Fax +43 512 265561-8
e-mail: kompass@kompass.at
http://www.kompass.at

BERGE, TRAUMHAFTE SCHÖNHEIT
MIT EIGENEN GESETZEN

Die Berge - gleichgültig ob Sommer oder Winter - Stätte für traumhaft schöne ,,Erlebnisse". Jedoch oft verwandeln sie sich zum Alptraum für Leichtsinnige, Gedanken- und Verantwortungslose:

- Im Hochgebirge ist der Mensch nicht nur von Schönheit, sondern auch von Gefahren umgeben. Nur wenn man sie erkennt und ihnen zu begegnen weiß, wird die Bergwelt immer ein schönes Erlebnis bleiben.

- Das Bergsteigen, aber auch das Bergwandern gehören zum Leistungssport, der - bedingt durch die hohen Anforderungen - langsam aufgebaut werden muß.

- Beim Kampf mit Fels und Eis müssen Wollen und Können in Einklang stehen.

- Ein stufenweiser Aufbau der sportlichen Fähigkeiten und die gekonnte Ausübung des Bergwanderns und -steigens sind die besten Garanten für die eigene Sicherheit. (Die alpinen Vereine führen zahlreiche Ausbildungs- und Fortbildungskurse durch.)

- Jeder Bergsteiger trägt eine große Verantwortung. Es gilt Leben zu schützen - sein eigenes und das der Berggefährten. Viele Menschen kennen leider ihre Leistungsgrenze nicht und werden so zu einem Sicherheitsrisiko.

- Das Bergerleben ist nicht in der technischen Perfektion zu finden, sondern in erster Linie in der Verbundenheit mit der Natur.

- Die nötigen Unterlagen über Bergwandern und Bergtouren bekommt man bei den Alpenvereinssektionen, Fremdenverkehrsverbänden, Bergsteigerschulen und Reisebüros.

LEBENSVERSICHERUNG IN DEN BERGEN

- Geben Sie im Quartier immer bekannt, wo Sie hingehen und wann Sie wieder zurück sein wollen.

- Wenn Sie Ihre geplante Route ändern, versuchen Sie dies Ihrem Quartiergeber durch Boten, Telefon, Hüttenfunk bekanntzugeben. Zweckmäßig ist auch eine Eintragung im Gipfelbuch.

- Gehen Sie an keiner Schutz- oder Almhütte vorbei, ohne mit den Menschen dort zu sprechen (gesehen werden). Wichtig für Suchmannschaft!

- Melden Sie sich bei der ersten Gelegenheit im Quartier, wenn Sie nicht mehr rechtzeitig oder nicht am gleichen Tag zurück sein können. Bei Einbrechen der Dunkelheit werden Suchtrupps alarmiert, wenn der Quartiergeber keine Nachricht von Ihnen hat.

- Schätzen Sie Ihre Tour zeitmäßig richtig ein.

- Nur bei guter Kondition schafft man im steilen Gelände 400 m Höhenunterschied in einer Stunde oder 4 km in leicht ansteigendem Gelände.
- Pro 1000 m Höhenunterschied sinkt die Lufttemperatur um ca. 6 Grad Celsius. Deshalb Kleidung der geplanten Tour anpassen!
- Keine Abkürzungen gehen. Niemand vermutet Sie dort.
- Der Nebel ist ein großer Feind im Gebirge. Auch Einheimische verirren sich leicht. Man geht im Kreis, ohne daß man es merkt. Gehen Sie kein Risiko ein! Warten Sie ab bis sich der Nebel gelichtet hat oder sich so weit aufgelöst hat, daß Sie sicher weitergehen können.
- Machen Sie sich untereinander nichts vor, wenn Sie die Orientierung verloren haben. Die Gefahr und die Verantwortung für ein Spiel mit dem Tod sind zu groß! -
- Richtiges Verhalten bei Gewitter:
  - Nach Möglichkeit trockene Felshöhlen oder Bergmulden aufsuchen;
  - Felsgrate, hochgelegene Stellen meiden;
  - Hockstellung mit geschlossenen Beinen einnehmen (sich nicht auf den Boden legen);
  - Keinesfalls unter Bäumen Schutz suchen;
  - Metallgegenstände (Geld, Gürtelschnallen, Karabiner u. dgl.) vom Körper entfernen und im Abstand von ein paar Metern auf ein Häufchen zusammenlegen.

GUTE UND ZWECKMÄSSIGE AUSRÜSTUNG BESONDERS WICHTIG

Bergfeste Kleidung: Gute, bequeme Kniebundhose, hüftlanger, bequemer, wind- und wetterfester Anorak, feste Wollmütze, feste Wollhandschuhe (Fäustlinge), warmer Wollpullover, eventuell lange Gamaschen gegen den Schnee, Baumwollflanellhemd oder Trikothemd (diese Materialien saugen am besten den Schweiß auf). Das Nonplusultra an Unterwäsche für das Gebirge ist die Angorawäsche. Sie ist sehr angenehm zu tragen bei Kälte und Wärme. Regenschutz nicht vergessen!

Bergschuhe: Auch für „nur" Gebirgswanderungen sind feste Bergschuhe unbedingt notwendig; Wanderschuhe aus Rauhleder genügen im Gebirge nicht, auch wenn sie Profilsohle haben.

Rucksack: Klein bis mittelgroß für Tagestouren, groß und sehr geräumig für Mehrtagestouren. Breite Traggurten, Außentaschen und Deckeltasche haben sich bewährt!